Before Your Kids Drive You Crazy, Read This!

[新西兰] 奈杰尔·拉塔 ◎ 著
Nigel Latta

以 葳 ◎ 译

廣東省出版集團
广东人民出版社

图书在版编目（CIP）数据

宝贝家规 /（新西兰）奈杰尔·拉塔 (Latta,N.) 著；以葳译 .
--广州：广东人民出版社，2012.7
ISBN 978-7-218-07683-6

Ⅰ. ①宝… Ⅱ. ①奈… ②以… Ⅲ. ①儿童教育－家庭教育 Ⅳ. ① G78

中国版本图书馆 CIP 数据核字（2012）第 089403 号

BAOBEI JIAGUI
宝贝家规
[新西兰] 奈杰尔·拉塔 著　　以葳 译

出 版 人：金炳亮

策　　划：中资海派
执行策划：黄　河　桂　林
责任编辑：肖风华　梁　茵
特约编辑：涂玉香
版式设计：王　芳
封面设计：谈志佳
插　　画：艺影（宋启娜）

出版发行：广东人民出版社
地　　址：广州市大沙头四马路 10 号（邮政编码：510102）
电　　话：(020) 83798714（总编室）
传　　真：(020) 83780199
网　　址：http：//www. gdpph. com
印　　刷：深圳市鹰达印刷包装有限公司
书　　号：ISBN 978-7-218-07683-6
开　　本：787mm × 1092mm　1/16
印　　张：12
字　　数：181 千字
版　　次：2012 年 7 月第 1 版　　2012 年 7 月第 1 次印刷
定　　价：29.80 元

如发现印装质量问题，影响阅读，请与出版社（020-83795749）联系调换。
售书热线：(020) 83790604　83791487　**邮　购**：(020) 83781421

To all the mothers and fathers in China - I hope you find this book helpful in your journey as a parent. It is the most important task any of us will ever have and so I wish you both good luck, and good fortune.

Kind regards

致中国所有为人父母的朋友们：

非常希望这本书能助你们成为优秀的父母，并有益于你们的亲子之旅。

对于每个人而言，成为一名父亲或母亲，是人生中最重要也是最艰巨的任务。

祝大家好运！祝大家幸福！

奈杰尔·拉塔

目　录

前言

献给正为教子问题而苦恼的父母

我的工作就是搞定小孩，就这么简单。

我处理过许多类型的案例，遇到过各种各样的孩子，但我特别喜爱那些被划分为“难搞”组别的孩子。因为他们总有办法把世界搞得天翻地覆，让我不得不佩服；他们古怪精灵，极具挑战性，搞定他们，让我产生巨大的成就感。如果你有个10岁大的孩子，打败了所有来到他面前的教育专家，那他就是我想见上一面的孩子；如果你有个可以让一屋子的心理医生沮丧得直摇头的孩子，那他也是我想要认识的孩子。

不久前，我拜访过一个家庭。这是一个特别的家庭。当我第一次见到这个家庭的成员时，他们中最年长的10岁女儿已经在病房里待了好一阵子。这是个专门为行为极端的青少年准备的病房，因为她曾经企图自杀。对一个10岁大的孩子而言，情况还能有多严重？她弟弟的行为也很奇怪，总是乱发脾气；她妈妈已濒临崩溃的边缘：这个家庭似乎正在瓦解。

几个月以前，我和所有了解这个女孩病情的人一起会诊。他们各自陈述对问题的看法，并为女孩贴上许多标签。没过多久，所有的分析渐渐趋向一致。我一直等待着，希望得出一个明确的诊断结果和一连串的解决方案。但这并没有发生。结果，大家对这个案例的共同想法仅仅是：女孩在这里至少得再待上 18 个月甚至 2 年。

我坐在那里，等着那个推动事情进展的方案出现，以便更好地跟进。因为不管怎么说，房间里的人都受过良好的教育，甚至有不少人拥有高学历。于是，我理所当然地以为，一定有人可以提出解决女孩和她家人问题的好方案。然而，出乎我意料的是，所有人的目光都集中到了我身上。

在这个案例中，我给了这位母亲一个简单却有效的行为管理工具（这个工具我在第七章中会具体解释），并协助他们找到融洽相处的办法。人和人之间的关系就是全部——如果你能搞好人际关系，那么你已经成功了一半。

离开那个专业病房到现在，时间已过去了4 个月，一切都已渐入佳境。那个女孩还没有回家，但是周末的探访让我感觉还不错。她弟弟的偏激行为也已经消失。他们再次变得快乐起来，未来一片光明。这种情况和我当初参加的那个虽专业却只会给人贴标签的会议大相径庭。我希望很快能再次见到他们。

复杂问题，简单解决

处理“无可救药”的案例似乎已变成了我的专长。之所以如此，可能是因为我有一个最大的优点：面对一定程度的挫败时，我还能够继续保持乐观。更主要的是，即使在超级复杂的家教情境中，我也可以找出解决问题的办法。通常，这归功于两点：

首先，有不可动摇的信心，相信事情总会有解决的办法，尤其是在所有证据和常识都认为不可能的时候；

其次，能够保持镇定，忽略所有复杂的部分，专注于极为简单的事物。

多年来，我不知遇到过多少沮丧的父母和难以管教的孩子。当处理完这些棘手的案例后，我发现同样的原则也适用于其他情况。比如，对于一个想要用刀刺死母亲的 10 岁男孩，我的处理方式实际上和对付一个不愿乖乖坐在位子上的 5 岁男孩是一样的。

当成功帮助上文提到的那位女孩之后，我想起那些还在为不同问题挣扎、努力着的家庭。因为我自己也有两个孩子，我很清楚这种糟糕透了的心情。我曾运用几种简单的方法，并亲眼见证它们为几个家庭带来的巨大变化。于是我想，有没有什么方法可以帮助更多家庭，让更多人获得这些简单的方法，而不仅局限于我工作中遇到的家庭？不然的话，就太可惜了。

抛弃“父母模式”，启用“专家模式”

这本书不仅是为你而写，也是为我自己而写。

我有两个儿子，刚开始时，我也像大多数新手父母那样迷惘。

几年前，我那刚学会走路的儿子，正经历他的“初级顽皮”时期。每次吃完饭后，他会高高举起吃了一半的餐盘，用力朝墙壁扔出去。当意大利面和花椰菜从墙上滴下来时，他会拍着小手大笑。我极力想阻止他，却一点办法也没有。每天晚饭后，我们都像坐在野蛮人的盛宴中。这其实非常严重地打击了我的专业自信心：我花那么多时间告诉别人怎样不让他们的孩子砸别人家的窗户，却无法阻止自己的孩子丢餐盘。

最后，我唯一想到的办法就是不再站在一个父亲的角度思考，而是像对待工作案例一样处理问题。到现在我都还在使用这个技巧。当处在“父母模式”的时候，我发现自己经常会失去立场；但当我处解决问题的“专家模式”时，一切都豁然开朗了。

我最终赢得了餐盘之役，但没多久又陷入新的困境。因为我的儿子很快从“初级顽皮”时期进展到了“超级捣蛋”时期。这个时期，孩子会出现一些更令人烦恼甚至头疼的行为倾向。但这还算不上什么难题，更难的是，**当我们找到方法对付孩子某个阶段的问题时，他们已**

进入到下一个阶段，而我们总是差了一步。

身为父亲，当我不知该如何是好时，觉得自己真要疯掉了。这种时候，我真恨不得一把掏出储物柜里的机票和假身份证明，狂奔向机场，登上第一班前往非引渡条款国家的班机。当我迷失时，我唯一想做的就是逃得越远越好，不管我的双腿、一张信用卡和波音 747—400 把我带到多远的地方。当我清醒时，一切都很好：事情都在我的掌握之中，生命也很美好。

这就是为什么这本书不仅是为你，也是为我而写。我撰写自己想要看的书。当我处在“父母模式”时，我需要有人告诉我该怎么做，而且这方法要行之有效。

还在为孩子问题烦恼？请看本书

接下来，我将带你看看在过去 16 年里我处理过的几个案例，让你了解我在这段期间学到的东西；我将会探讨一些较为常见的家教问题（睡眠、入厕、挑食、任性、乱发脾气等），也会探讨一些不那么普遍的问题（河马宝宝、只吃豆泥冰激凌的小女孩以及 9 岁的独裁者）。

此外，我也将带你拜访哈里·汉丁格与萨莉·汉丁格一家。当这个哈里遇上了那个萨莉，家中便再无宁日了。因为他们生了几个最桀骜不训、最调皮捣蛋、最让人发疯的孩子。我之所以要将汉丁格家介绍给你，是要让你知道，最普遍的原则怎样适用于最极端的例子。事实上，我要让你自己来处理汉丁格家的问题，但是我会将这部分留到最后，以便让你先了解需要的所有工具。

这本书里的所有案例都来自真实的家庭，包括汉丁格一家。当然，为了保护家庭隐私，书中人名和相关资料都已被改过。我在书中教给你的方法都非常简单，不需要练习，就可以直接运用。

为孩子问题而苦恼的妈妈和爸爸们，你们一定要在家试试看！

自 序

无论孩子表现多糟，你首先要保持理性

可以说，从20世纪80年代起，人们就已开始采用前无古人的新方法来养育孩子了。在那之前，孩子就是孩子。

> 他们会跌倒，全身搞得脏兮兮的；
>
> 他们和朋友们一起玩耍，做所有孩子都会做的事；
>
> 他们坐在没有经过安全验证的儿童座椅里，开着玩具车子；
>
> 他们自己走路去上学，在有水泥步道的游乐场上玩耍；
>
> 他们住在没有小小的、塑料制的安全插座的房子里，吃着大量充斥着色素的食物。

在历经这样一段"鲁莽岁月"之后，人类居然还能存活，不能不说是一个奇迹。但随后我们渐渐失去了方向，生活也变得更加忙碌和复杂，孩子也似乎变得更加娇贵和难养。这些小家伙越来越玻璃心。

除此之外，每当你打开电视，总能看到一些不知来自哪所大学的"胡侃"博士，不断为我们提供和展示一些最新的研究报告。很显然，他们要证明我们大多数人都是蠢材，而我们的孩子也注定会失败。

有一天，我和妻子与刚上学的大儿子的老师进行了一次会谈。我的儿子是个很棒的小伙子，但固执得像头驴。我的遗传基因在他身上发生了变异，而超级固执基因正好与他身上最顽强的染色体相结合。（在经过大量且复杂的心理测试后，我断定这种个性遗传自我妻子。）

我儿子属于既好辩论又喋喋不休的类型，但他的老师很有经验，马上就了解了他的个性。当第一次见到这位老师时，我和妻子都着实松了一口气，因为我们知道她是我们为儿子所能找到的最棒的老师。但通过会谈，我同时也恍然大悟：原来这位老师正在婉转地征求我们的同意，那就是当孩子在课堂上出现过分行为时，她有权处罚他。

我告诉她，我们完全信任她，只要她认定自己的所作所为没有问题。"你可以把他放进橱柜里，如果你觉得这样可以让他听话的话。"我对她这样说道，并希望她知道这只是个玩笑，而不会以为我们在家真的会这么做。我也告诉她，如果孩子回家总是抱怨老师对他不好，我们不会打电话给她，也不会指责她为什么要让我们的宝贝难过，而是会先问孩子："你是不是做错了什么？"

老师居然要征求父母的同意，以便在学校更好地管教孩子，这真荒唐。不过，老师这样做并非毫无缘由。因为总有不厌其烦的父母过于担心孩子的自尊心是否受到了严重、不可挽救的伤害，所以只要亲爱的"小暴君"一回到家，他们就会打电话到学校投诉或抱怨。

管教孩子前，老师需要先征求父母的同意？这世界真是乱套了！其实，有时这些"小暴君"真正需要的，或许就是有人能好好管教、鞭策他们一下。

一切都变得这么复杂，许多简单的乐趣也都被剥夺，而这只是因为身为父母的我们变得如此害怕、焦虑和自我怀疑。我们极度担心会把事情搞砸，或者让孩子们变成情绪怪物。

不过，事实却是：无论是谁都或多或少会把事情搞砸。因为我们身为父母，这就是我们的工作。正如我们必须在与孩子的生活中努力"存活"

一样，他们也必须在与父母的生活中努力“存活”。如果他们可以跟我们和睦相处，那就没什么大问题了，这就如同社会中“适者生存”的规律。

养育孩子就像一场大型的电视实境秀，只不过没有电视这个媒介而已。除此之外，你不能通过投票把谁赶下台，这不能不说有点遗憾。更重要的是，你还不会在节目最后得到百万奖金。但你可以在未来的岁月中，留下一些美好回忆——如果你做得不错，运气也比较好的话。想要跟上那些“胡侃”博士们小题大做的脚步，你可以看书和纪录节目，它们会告诉你，如何最大限度地降低让孩子变成情绪怪物的可能性。市面上有许多书，可以教你如何养育出最聪明、最自信、最有创意、最自由自在和其他各种你最想拥有的孩子。

你要相信才怪！这些都是胡说八道，而这本书绝对不是其中的任何一本。这是一本教你如何陪孩子轻松度过他出生后的最初 10 年，而不会被逼疯的书。也许你已体会到，在养育孩子的同时还能保持理智是件不容易的事情，但它的确可以实现。

如果你只想知道该如何养育你的宝宝与贝贝，好让他们在 4 岁时就能用手风琴弹奏出莫扎特的曲子，那么本书或许不适合你；如果你想要找到一种方式，让自己与孩子快乐地度过这 10 年，那么这本书就是为了你而写的。这本书虽然不会教你如何培养出一个会弹奏莫扎特曲子的孩子，却会教你养育出一个身心健康，快乐又聪明的孩子。

你越是抓狂，他们表现得越糟；

你越是快乐，他们也会越快乐。

本书的方法虽然简单却很实用。其中，最重要的一条就是：无论如何，你都要保持理性。

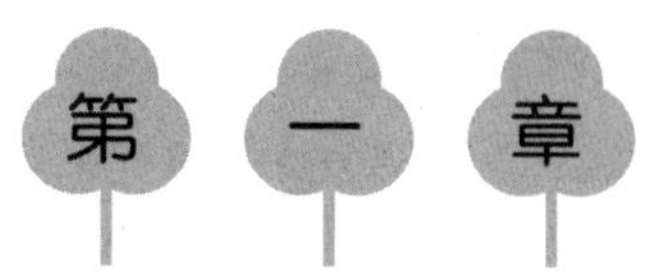

教养孩子的奇幻旅程

赞扬多了，怕孩子自负；批评多了，怕孩子自卑。怎么办？——喂养好行为，让坏行为挨饿。

孩子的所有行为都是沟通。要与他“对话”，就要仔细挖掘他行为背后的真实意图。

孩子的天性就是不断前进，除非碰撞到边界。为孩子立界线，就是告诉他：你只能走这么远。

8 个简易法则，助你渡过教子难关

每当与一个家庭面谈时，我总是会根据几个简单法则进行分析。因为有时情况比较复杂、令人困惑（事实上，大多数时候都是如此），所以我需要一些指标来确保自己所把握的方向是正确的。

在工作中，我遇到过 1 000 多名孩子，我自己也有两个孩子。以下是我认为最重要的 8 条法则。由于这些法则永远不会过时，也不用更新，所以在接下来 15 ~ 20 年里，在你的孩子独立之前，你或许经常会把这些法则带在身边。

你只须记住这些法则，就能顺利渡过各种难关。

法则 1：建立良好的亲子关系

关系，关系，还是关系。

这是所有法则中最重要的一条。即使无法记住其他法则，你也必须将这条法则深植在脑海里。每个人都要学会处理人际关系。如果忘记这一点，人们就会遭受伤害与痛苦。表面上看，控制孩子是一件很容易的事情，通常只需恐吓就已足够。但问题是，当他们最终长大，不再害怕之时，很快就会出现掀翻桌子的行为。

如果恐吓是你的唯一利器，那你就陷入大麻烦了。在我帮助过的家庭里，有些父母认为让孩子变乖的最好的方法，就是吓唬他们。表面上看起来成效不错，但其实无论是父母还是孩子都不快乐。事实上，他们是我所见到的最不快乐的家庭。

教养是建立在良好的亲子关系基础之上的。

父母和孩子建立的关系，将决定孩子的行为和未来的人格发展，这是我的信念。正是这一信念佐证着我在本书中所谈到的一切。**身为父母，最重要的职责是与孩子建立起坚实稳固的关系。如果你能做到，那你将安然度过教子过程中将近 98.6% 的时间。**

法则 2：爱他，更要喜欢他

大部分孩子都能感受到父母的爱，包括挨打或被遗弃的孩子。但事实上，孩子理所当然认定的“爱”，却不是“喜欢”。之所以这么说，是因为我见过绝大多数父母虽然都努力去喜欢他们的孩子，但等到来到我面前时，却早已被重重压力和沮丧压得喘不过气来。

“我爱他，但我不再那么喜欢他了”，这是我经常听到的一句话。父母之所以这么说，是因为他们既不知道孩子都渴望惹人喜欢，也没明白“爱”其实是浑然天成的，而“喜欢”显然是一种选择。你之所以会“喜欢”，是因为你内心渴求，而不是你必须如此。也就是说，“爱”关乎责任与本分，而“喜欢”则源自内心的快乐。

判断一个家庭的关系好坏的最简易方式，就是看这个家庭中是否充满快乐开心的氛围。它是家庭生活的润滑剂，也是使一切事情顺利进展的必需品。没有它，所有事情都将消磨殆尽。每当我觉察到某个家庭中缺少开心的氛围时，我常常会替它的家庭成员担心。

正如教养离不开良好关系一样，良好关系的建立也离不开欢乐氛围的营造。因为即使是在情绪最低潮和黑暗的时候，一个人也还能去爱；但如果没有欢乐开心的氛围，一个人将找不到光明。这个事实似乎令人有点沮丧，但请不要担心，我将告诉你该怎么做。

法则 3：喂养好行为，让坏行为挨饿

孩子是以注意力为生的食人鱼，他们饥饿又贪婪，一次可以“吃”下一头牛那么大的注意力。只要有机会，他们就会陷入一种“觅食”的狂热之中。他们如此渴求注意力，以至于甘愿为此付出一切，甚至作出自我毁灭的举动。为了一头牛那么大的注意力，食人鱼孩子会从河里跳到岸上，全然不管它是否会造成某种程度的破坏。身为父母，你必须清楚这一点，否则你无法喂饱他们。反过来，如果你没有喂饱他们，他们就会将目标转移到你身上。正如食人鱼以食人为生一样，**孩子为注意力而存在。**

孩子这条饥饿的食人鱼也是顽皮的食人鱼，而你绝对不希望这只饥饿又顽皮的食人鱼在家里出现。好好喂饱他们，他们就会乖乖待在河里。了解孩子“食人鱼”的特性之后,你还要弄清楚你用于喂养的食物是什么。表面上看，答案简单明了，但实际上孩子会让你疯狂。而当你极力想保持理性时，就会忽略了这些简单明了的东西。因此你必须随时谨记：喂养好行为，让坏行为挨饿。因为当你喂养时，坏行为会成长；但如果你让它们挨饿，它们就会自行消失。道理就是这么简单，但是大多数为孩子问题苦恼的父母都看不到这一点，或者他们还没有停下来好好检视一下自己喂养的是什么。

好行为应该用大量慷慨的注意力和赞美来喂养，而坏行为则应该漠然视之。为了让你更好理解这点，我将会列举很多实际生活中的例子。但是现在，请先牢牢记住这一点：喂养好行为，让坏行为挨饿。

法则 4：为孩子立界线

如果你不为孩子设下限制，你就是个笨蛋。这话或许有点不中听，但该怎么委婉地跟一个笨蛋说“你就是个笨蛋”呢？像许多事情一样，笨蛋也能再往下分类。

比如嬉皮士就不设限。他们认为孩子有自由向世界发出怒吼。“宝贝，这超时髦的！”懒人也不设限，因为他们不想做任何事情。“神经质”同样也不设限，因为他们不想对亲爱的小暴君有所限制，进而伤害到他们脆弱和幼小的心灵。新手父母也不设限，因为他们想和孩子做朋友。

以上所说的这些人——嬉皮士、懒人、“神经质”和新手父母最后都来到了我的办公室。他们都很不开心，而且都在为同一个问题烦恼：为什么我的孩子这么讨厌？因为我们需要为孩子设限。

订下规矩、设定界线，然后努力遵守。孩子的天性就是不断前进，除非走到了你设定的界线。有些孩子只需要知道有这样的界线，有些孩子则需要闯出去几次后才会有所顾忌。但不管怎样，所有的孩子都需要界线。

对于孩子而言，一个未设限的世界是危险而可怕的。你设下限制，就等于在说：“你可以走到这么远，但只能到此为止，不能更远了。”

设限是安全和可靠的，可以提醒孩子他身在何处，同时也可以将他的坏行为摒除在外。

比如，其中有一条底线就是孩子必须学会尊重他人。有的孩子对自己的父母粗暴无礼的程度让我很吃惊，但其父母允许孩子胡乱说话的容忍程度，更让我吃惊不已。曾经，一名 7 岁的小男孩向父母说出最没礼貌的话，但在场的人中只有我对此颇为反感。还有个小女孩对妈妈说出粗鲁无礼的话语，但是她的父母却只是坐在那里，好像什么事都没发生一样。我绝不容许这样的事情发生在我的办公室里，如果那个小男孩或小女孩在我的房间里对他们的妈妈或爸爸说出无礼的话语，那么我会狠狠地责骂他们一顿，然后在他们离开后，再责骂那些坐视不管的大人们。

你没法一直阻止孩子胡乱说话，因为这是他们的天性。但是你也不能把他们的话照单全收，更不能坐在那里假装没事。如果你这么做，那你的麻烦就大了。

在教养孩子的过程中，你不必做个残酷的独裁者，打压任何反抗。相信我，孩子表示反对是件好事，因为这是他独立思考表现。如果他学会独立思考，那么等他长大离家时，你才不再为他担忧。但不懂得尊重，却又是另一回事。准确地说，是很糟糕的事情。

总之，孩子的话你绝对不能照单全收。

法则 5：管教要坚持始终如一

当我以年轻学生的身份，满怀理想地在心理诊所工作时，一切似乎是那么清晰而又简单。和疲惫而又沮丧的父母坐在房间里，我十分疑惑，为什么对我而言问题的答案显而易见，而他们却看不到。

以二十几岁、尚未养育孩子的实习心理医师所能集结的智慧，我告诉这些可怜的人："秘密就在于，你的管教必须始终如一。"说这话时，我好像《圣经》里从山上回来的摩西一样，着急而又煞费苦心地要将所有的智慧告诉大家。在此过程中，有时需要小心谨慎地强调某些话语，以便大家能够更好地理解你话中的涵义与深度。这一点，摩西和我都了解。

始终如一，这个答案就是如此明显。但我当时说这话时，可真是个大白痴。虽然这话出自好意，听起来也充满善意，但我还是很白痴。直到后来，我有了两个儿子，一切就都不同了。现在，我对"始终如一"的定义是：如果我可以持续地抑制住自己想把孩子丢出窗外的冲动，那么这就是美好的一天。除此之外，其他的一切都只是次要的选择。

身为父母，不让自己崩溃，是你做任何决定的前提条件。如果现在我带着孩子去做咨询，却碰到一个像当初的我那样的医生，我会重重赏他几个耳光，直到打到他耳鸣为止。"始终如一？"在他被我打倒，试着爬到椅子下面、拉长音像个婴儿般尖叫时，我会歇斯底里地高声叫着。我会说："真是太好了，"接着再反手给他一掌，然后补充道，"我怎么都没想到呢？你真是聪明，太聪明了！"我会一直打，直到我的手又痛又酸，痛快至极为止。

所以，尽你所能地坚持始终如一，必要时再努力做到绝对始终如一。但是当你偶尔做不到的时候，也不要对自己太过严厉。

法则 6：务必作好教养计划

唯一会意外发生的事情就是意外，谁都不希望自己意外地成为父母。我曾见过许多意外当上父母的人，他们的情况都不太乐观。所以如果你不想如此，那么你请务必做好计划。

我这么说并非意味着你现在必须坐下来，进行诸如“新世纪商业企划”之类的练习。因此，你不需要写下 12 页长的文件，来设定你可以达成的目标以及可预见的结果；你也不需要每年一次前往某个僻静的地方，埋头为前年的表现作评估（当然，除非你想以此为借口，把孩子丢给祖父母，自己独自前往某处度几天假）。

放松点，我不会要求你做上述那些没道理的事。不过，你的确需要一个计划。你需要时不时坐下来，想想自己该怎么做，才能避免你不希望看到的事情的发生。如果你正面临某些问题，那你就更需要花时间好好整理一下思绪，看看问题出在哪里，你有哪些选择以及该怎么做才能让事情有所转机。这不会花费你太多时间，大约一个电视广告的时间便已足够，有时也可能会长一点。但无论如何，你都非常有必要这样做。不过，现在你只需随时记得，你必须作好计划就可以了，因为接下来，我会在书中提到许多不同的教养计划。这些计划是我和许多有着不同问题的家庭一起制订并执行的，它将帮助你加深理解我所说的一切。

此刻，我想说的是：凡事三思而后行。

法则 7：挖掘孩子行为背后的真实意图

这是一条十分简单却又非常重要的法则。

无论孩子在做什么，当我观察他的行为举止时，我总是会认为，他的行为只不过是不同于言语表达的另一种表达方式而已。简而言之，**孩子的所有行为都是另一种形式的沟通。**

比如，孩子晚上爬窗户出走，其实不过是向他人表达一些言语无法传达的东西。由于他的词汇量还不多，不擅长用语言来表达自我，往往会借助行为来表达自身丰富的感觉。事实上，在现实生活中，孩子用行动与人沟通的可能性远远大于用语言沟通。

因此所谓“坏行为”并非只是坏的行为，它还是孩子用以对话的方式。不过，只有在前面所提的5个法则或多或少被忽略时，这种对话方式才会出现。所以，对于那些你正为之烦恼的孩子们，我和你所要做的工作就是挖掘出他们行为背后的真实想法，即他们究竟想要什么。通常，如果你能够领悟他们行为背后的真实意图，那你就已成功了75%。

法则8：不做完美父母，学会与混乱和平共处

最近，我和一个朋友聊到，自从有了孩子后生活发生的巨大改变。他说他很喜欢听工作忙碌的专家们，比如医生和律师之类的，谈论养育孩子的话题。这些人大多相信养育孩子和坚持工作互不冲突，而且只要把时间规划得宜，就能让一切井然有序。总之在他们看来，养育孩子就是一件再简单不过的事情。聊到此处，我们不禁对专家们的“天真”感到好笑。

有了孩子，就等于把混乱请到了家中。正如你不可能把握龙卷风来临的日期一样，你也无法事先安排如何度过养育孩子的疯狂时期。了解并接受这一点非常重要。如果你不能，那么你将和混乱对抗。带着一点冷静、一点禅意来与混乱共处，对所有人来说都是件疯狂的事。

有几次，在完全没有预警的情况下，在一瞬间，我家中的事情变得一发不可收拾。3小时前，我们正为一些小事争吵。结果孩子们先是发脾气，然后开始捣蛋，接着起来反抗，再后来彻底爆发。最后，就像讲述世界末日的灾难片中的某个桥段，大家四处乱窜、高声尖叫。

这种时候，我唯一能做的就是找个安静地方，等待这场暴风雨过去。不要和它对抗，因为在这种疯狂状态下你无路可逃，只能握紧你的舵，注

视着罗盘，然后在暴风雨中等待大海平静。

当我写到这里的时候，桌上传来一阵温暖的咖啡香，男孩们都上床了，像刚降临世间的小天使般安详地睡着；而我的妻子也在电视机前睡着了。8 小时后，他们全都会再次醒来，然后我们会再次扬帆起航。不过此时此刻，一切都很美好。

学会与混乱和平共处吧！不然，你还能有什么选择?

养育孩子的 8 个简易法则

1. 建立良好的亲子关系。
2. 爱他，更要喜欢他。
3. 喂养好行为，让坏行为挨饿。
4. 为孩子立界线。
5. 管教要坚持始终如一。
6. 务必作好教养计划。
7. 挖掘孩子行为背后的真实意图。
8. 不做完美父母，学会与混乱和平共处。

解决问题之前，先了解孩子

大人不说话并不是有效的倾听。真正有效的倾听可以鼓励孩子说话。

平时要特别留意孩子“总是”、“从不”这类口头禅式的语言，因为其中包含了他看待世界的方式。

千万别忽视孩子日常不起眼的行为，它将告诉你，孩子将如何处世，如何作决定。

亲子互动可重塑孩子的大脑结构

在成长的过程中，孩子的小脑袋发生着巨大的变化，这些变化将左右他的心理和行为。另外，亲子之间的互动将重塑孩子的大脑结构。

表面上看，我们的大脑像一个起皱的灰色核桃，但和核桃的相似度也仅止于此，因为我们大脑可以做到的事情，绝非核桃所能及。

过去，我们只能依赖动物实验，或者凭借研究某人部分受损甚至小部分剥离的脑子，才能窥探大脑的奥秘。现在，我们既不需要这些器官，也不需要离开舒服的座位，仅凭机器就可以深入研究大脑的运作。因为核磁共振和正子断层扫描不再只是电视剧《急诊室的春天》里卡特博士叫嚷着的名词，而已成为神经科学家们用来研究大脑运作的工具。我们由此获知大脑发展的一些奇妙事实，并了解到基因和环境对其所产生的影响。比方说，我们过去都认为个体大脑发展与遗传基因有很大的关系，而与环境的影响关系不大。

但现在，我们知道，实际情况更为复杂。事实上，大脑发展深受环境与基因交互作用的影响。我们与外界以及身边人之间的互动，都会极大影响我们的大脑结构。

“小”脑袋是可以重塑的

经常被视作单一器官的大脑，准确地说，应该是许多紧密相关的系统集合体。在大脑最深层的地方，是传达情感的脑中央；在大脑的次外层，是掌管诸如心跳和呼吸等身体主要功能的系统；而在大脑的最外层，则是管理诸如空间组织、语言和逻辑等高级功能的脑皮层。

脑的基本构造是脑细胞，又称“神经元”。胎儿脑中的神经元，大约是他们实际所需的2倍多，因为总有一些作为备用。在胎儿期，大部分神经元会流泻到子宫里。而新生婴儿的脑袋里平均约有1千亿个这样高度分化的细胞。神经元是由被称为“轴突”（每个细胞里通常只有1个，是用来传达信号的工具）的小分枝以及像发丝般细小、被称做“树突”（为数众多，用以接受其他神经元所传递的信号）的突出物联结而成。交错的轴突和树突就像大脑里的线路，电流会通过轴突刺激脑细胞周围的树突以传送信息。

胎儿出生后，其大脑中的1千亿个神经元还有大量尚未联结完成，因此形成和加强这些联结就成为大脑发展过程中的重要任务之一。在胎儿出生后的10年里，脑细胞之间会形成1兆个联结。一个单一的神经元，在轴突和树突所织成的精细复杂的网络中，最多可以联结15 000个其他神经元。当孩子2岁时，这些联结的数量就已经和成人的差不多了。等到3岁时，他们大脑袋里将有大约1 000兆个联结，差不多是成人的2倍之多。新生儿时期，脑皮层大部分是静止的，但是等到他们1岁时，脑皮层的发育已渐臻成熟。

在孩子成长的同时，脑细胞也会成长和消失。每当孩子经历不同的事物时，脑内一些链接路径会被激活，一些则被淘汰。如果不断重复刺激某个路径，可以加强该部分在脑中的联结；反之，如果长期缺乏刺激，某些联结就会自行消失。

有趣的是，人类刚出生时的大脑，是所有灵长类动物中最不开化的。一般而言，初生猕猴的大脑和成年猴子的大脑已极为相似，而人类的大脑则会以胎儿期的成长速度持续发展，并至少持续2年之久。事实上，浑圆的髓鞘，即大脑轴突“线路”周围的塑料绝缘体，必须6年后才发育完全。也就是说，在所有灵长类动物中，人类对环境最为敏感的。或者说，环境塑造人类大脑的程度，远远超出其他灵长类动物。在人脑发育的过程中，大约有 75% 的进程是在出生后进行的，而且直接受到当下环境的影响。

温暖的关爱为“小”脑袋输入积极信息

在孩子来到世界的头几年里，通过上述那些神经元之间积极的联结以及他的生活经历，来加强或淘汰脑细胞的联结，并对他们的小脑袋进行实际改造。知道了这些，你就会明白孩子出生的头几年正是他们学习的最佳时机，从而领悟到接下来几年中的学习和教养的重要性。实际上，年幼的孩子不仅会在脑中架构出世界的模样，而且会试着去整顿线路，而这正是他们对世界作出回应与行动的方式。

研究显示，如果持续加强的信息是慢性的压力或者恐惧，那么孩子的脑部将会记下这类信息，并且在未来的人生中作出“压力结构”的反应。反过来，压力会导致脑中产生化学物质，扼杀脑细胞之间的联结。因此在刚出生的 3 年内长期受到精神伤害的孩子，其静止脉搏率比一般孩子会偏高。这也是为什么许多有着类似成长背景的孩子，在诸如语言、阅读等方面的发展会较为迟缓的原因。

幸运的是，研究也显示，如果被持续加强的信息是充满温暖的关爱，那么孩子也会将这些感觉深植于脑中，为未来的生活实践作准备。这也是那些长期深受关爱和感到温暖的孩子，不但在学校中表现良好，深受教师高度评价，而且在社交和学业上表现突出，并且在面对压力时，无论在生理上（产生较少的压力荷尔蒙）还是行为上，都积极乐观的原因。

3 岁的孩子需要的不是字卡或者不断重复的九九表，而是能够理解和关心他们生理与心理需求，并且不断响应这些需求的父母。唯有如此，孩子们成长中的小脑袋里才能形成丰富的联结，以帮助他们应付将来生活中可能遇到的任何问题。

如果一个人的脑细胞间有丰富的联结，那么他将会在许多方面有较多的选择，也就更能了解和控制自己的情绪，善于结交朋友，积极地应对挫折、失败和学习。而要做到这点，孩子必须先有持续关怀他、给他温暖的父母。不要再想着字卡，多花点时间来拥抱孩子，和他们一起玩乐吧！

如何让“小”脑袋产生丰富联结

对于父母而言，所有关于大脑发展的研究都是重要的信息。但请记住，你不必对此过于紧张、兴奋或者神经兮兮。

因为偶尔提高嗓门说话，并不会伤害到孩子的小脑袋，只有当你总是大吼大叫时，才有可能伤害他们。以下是一些神经科学家们为我们这样的父母提供的一些建议：

1. 给孩子足够的营养维护健康，并为他们提供一个安全的环境

   这是再清楚不过的事情。如果你想要培养出健康的小脑袋，你就不能纵容糖分和洋芋片。吃一点垃圾食物并无大碍，但是你必须清楚只有养成健康和营养的饮食习惯，孩子才能有最佳表现。

2. 和孩子建立始终如一的良好关系，让他们感受到安全与安心

   孩子和父母之间的关系，将是他们开创自我人生的基础，同时也是让他们脑细胞产生丰富联结的有利因素。

3. 学会了解孩子的个人需求，并对其有所回应

   解读他们的行为和情绪，并试着作出与此相符的反应。当他们想要玩耍的时候，跟他们一起玩；当他们需要稳定情绪时，教导他们如何安抚自己。

4. 和孩子聊天，并为他们朗读和歌唱

   语言是相当重要的一环，而发展孩子语言能力的最主要方式，是与父母的互动。

5. 鼓励孩子玩耍和认识世界

不仅鼓励他们认识自己的世界，而且引导他们去认识其他孩子的世界。通过体会多重世界，他的人生将更美好。同样，越是和其他孩子相处，他们就越能提升人际交往的技能。

6. 给孩子设限，制订每日例行事项和相关规定

如此一来，你可以培养孩子们的安全感，并让他们真正感到安心。

7. 参与孩子的教育，培养与孩子一起学习的兴趣

这不是说让你像疯狂而又强势的父母那样，要求孩子在2岁时学习拼字，而是让你真正培养与孩子一起学习的兴趣。唯其如此，你才能全身心投入孩子学习之中，并鼓励和激发他们的好奇心和兴趣。

8. 最重要的是，随时保持理智

如果你感到压力很大，身心疲倦，或者无法好好处理事情，那么你就很容易失去理性，而这也将极大影响你和孩子之间的关系。在接下来的内容里，我将会带你去见识那些能让父母抓狂的行为，同时也会告诉你如何和孩子建立更快乐的关系。

许多糟糕透顶的研究总是强调父母的职责很重要，因为父母的职责不仅会影响孩子的行为，同时也会影响小脑袋里的“线路”。

但是正如我之前所说，你不要过于慌张和焦虑，忘掉它，然后尽你所能就好。

我们都会大声嚷嚷。

我们偶尔都会说话不客气。

只要大部分时间里，你都关心他们幼小的心灵，并尽可能地表现温和，你就不会因为提高嗓门或者突然发怒而伤害他们的小脑袋。

就是这么简单。

学会和孩子对话

我话说得够直白了：如果你不想得胃溃疡、高血压或者早死，那你就必须学会和孩子对话。我们都会对孩子“说话”（情绪不好的日子里，我们可能是喊叫），但是你还必须学会跟孩子“对话”，因为它是让你们一起生活得更长久、更健康，也更快乐的关键。

有许多原因可以解释，为什么父母对孩子的情绪作出积极反应，对孩子而言是非常有益的。在之前的内容中，我们已经将其归结为小脑袋会在身处的环境中重新架构。这对于孩子来说固然是好的，但我们还没有讨论过这对父母有什么好处。

简单地说，家庭纷争的核心问题大多是沟通不当或者缺乏沟通。我曾见过一些家庭成员花费几个小时对着彼此叫嚣，自始至终却没有一个人试着去倾听自己以外的声音。如果你没有和孩子进行有效的沟通，那么你将深陷冲突之中。

也许你会想：既然孩子小时候都会有不好的行为，那就耐心等到他们长大成人时再去纠正，不就行了吗？

如果你这样认为，那就大错特错了。因为一旦家庭根基被多年的冲突所破坏，那你就会朝着更难熬的时期迈进。我曾经近距离接触过这样的家庭，那里简直无法安身。更何况，在解决多年沟通不畅的问题之前，要熬过孩子叛逆的青少年时期，本身就是一件十分困难的事情。

孩子所需学习的最重要技巧之一，就是恰当处理他们的想法和感觉。否则，这些想法和感觉不仅会伤害孩子，而且有可能会反咬你一口。所以，如果你一直保持理性的话，就必须和孩子一起搭建一个良好的沟通平台。如果不这么做，你就将陷入长期的压力、担心和罪恶感之中。**从林法则或许是“吃人或被吃”，但家庭法则却是“沟通或失败”。**

如何更有效地倾听孩子说话

没有人期望你用100%的注意力倾听你孩子所说的话，而且这本身就是不可能的事情。因为一方面孩子在不断地说话，另一方面他们所说的内容很多都是一些奇怪的或者让人心烦意乱的琐碎事物而已。虽然对他们而言，这些东西十分有趣，但对大人们而言，大多数时候却并非如此。所以除了善意的回答之外，你会发现自己偶尔会失神、机械地点头说着："嗯……对……好……可以……没错……"。

因此，那些认为自己总是聆听孩子所说的一切的人，不是大骗子就是疯子。

与此同时，你需要当心的是，当孩子再大一点时，他们就会开始征求你的同意，以期能做一些你不希望他们做的事情。下面这个场景也许你很熟悉：

妈妈："吉米，你妹妹呢？"

吉米："我用她交换了马修的滑板。"

妈妈："什么？你怎么会做这么奇怪的事？"

吉米："你说我可以的啊。"

妈妈："不，我没有。"

吉米："有，你有。我问你说可不可以这么做，然后你说：'嗯……好……可以……没错……'你不记得了吗？"

倾听孩子说话，并不代表不让你说话。即使是年幼的孩子，也懂得区分倾听和不说话之间的差别。倾听非常重要，因为它帮助你了解孩子的想法。更重要的是，倾听还可以让孩子知道，他们所说的东西是有趣且重要的。也就是说，倾听可以鼓励说话。以下是一些可以帮助你更有效地倾听孩子说话的简单方法：

1. 给予孩子完整的注意力

要有眼神交流，要专注于他们的说话内容。

2. 语调明快，富于激情

语调十分重要，因为你的语调必须和用字遣词相符。如果用沉闷的语气说出：“那非常有趣”，实际上并无任何作用。

3. 手势表情活泼夸张

夸张的手势和脸部表情可以让孩子感到自己被欣赏，同时也乐于享受与你之间的交谈。

孩子们都很喜欢这些。试试看，并注意观察他们的表情是如何闪亮起来的。

4. 多提开放式问题

提问的优点之一在于，它能表示出你的兴趣程度和参与度。一般来说，孩子们喜欢你问问题。

问题最好是诸如“你今天在学校做了些什么？”这类可以激发讨论的开放式问题，而不是诸如“你今天在学校好吗？”这类只需要回答“是”或“不是”的问题。

5. 学会反思

反思并不意味着让你重复孩子所说过的话，而是要求你回想他们所谈及的感觉。作为孩子的一面镜子，你应该让他们透过你的双眼看见他自己。

6. 称赞孩子的表达能力

让孩子知道你乐于倾听他们说话，而且让他深信自己擅长表达，这是一件非常重要的事情。

因为这样能够让孩子对你说出他的想法和感觉，长此以往，他们以后也会经常尝试这样做。

了解孩子看世界的方式

每个人看待世界的角度，以及与周边人互动的方式都不一样。每天都会发生很多事情，这就注定为每种单一情况制订新的行为规则将是件非常困难的事情。所幸我们的脑袋能将一切组织成为模型样板（有点像心智的世界地图），并用这些模式来决定如何对新情况作出反应。事实上，我们发展出心智地图旨在为我们指引方向，以便应对日常生活中所面临的无数选择。因此，这些地图是我们把预测的事物样貌带进实际上无法预测世界里的一种方式。

值得注意的是，这份地图只是一个代表性的物品，而非世界本身，它受我们之前经验所衍生出来的偏见或观点所影响。如果在孩童时期，你有过沮丧难过时没有人听你说话的经验，那么你此后的人际关系都会受其影响。

身为父母，我们要尽可能地确保孩子的心智地图对他有所帮助。如果你曾对孩子“不听话”有所疑惑，那么尝试着了解他的心智地图。因为正是这张地图，驱使孩子作出相应决定。于是，你会发现有些孩子乐于选择较为简单的方式处理事情；有些孩子则决心要独自找出所有问题的答案，而有些则总是过于胆小而依赖父母。

有两个主要的方法，可以帮你了解孩子的心智地图。第一种方法，倾听孩子如何谈及这个世界；第二种方法，观察他的行为。说话时，孩子总会不经意地提供有关心智地图的线索。如果仔细聆听，你会听到他们说：

- 为什么我从来不是第一个？
- 你为什么总是在生气？
- 从来没有人想要玩我的游戏。
- 我喜欢分享。
- 我的朋友们很有趣。
- 我擅长阅读。

- 我痛恨阅读。
- 我的老师很坏。
- 我的老师人很好，因为她帮助我。
- 那不公平。
- 不行，我不能来。我要先把这个完成。
- 那很不好。

以上所有陈述，其实都是孩子对这个世界的看法。它们都包含着孩子对世界以及世界运作方式的假设，其中有些是正面的，有些则不然。**当倾听孩子说话时，你要特别留意孩子那些经常带有“总是”或者“从不”这类听起来像是惯例和准则的陈述，但同样也需要倾听他们对于喜欢和不喜欢他人的说法**。比如说，对于同一位老师，一个孩子会说“我的老师人很好，因为她帮助我”，这就说明这个孩子认为帮助别人是好的；而另一个孩子则会说“我讨厌我的老师，因为她总是说我做错事”，这就暗示着他不认可帮助是好的。

除此之外，你还需要倾听那些会主导决定的信念或价值观式的陈述，比方说“没有人想要跟我玩”这类陈述。孩子之所以这么说，很显然是因为他被“我不受欢迎”的心智地图所支配，而这种潜在的负面地图将导致孩子退缩。另一个可以让你看见孩子心智地图的方法，就是观察他们的行为。

当我的大儿子大约8个月大时，我看着他爬上阶梯。他心无旁骛地追求登顶，不愿意接受任何形式的帮助，因为他想依靠自己的力量爬上阶梯。我记得自己当时的想法是，我终于第一次清楚地发现这个还流着口水的孩子的真实个性。直到现在，他也还是抱持同样的方式过他的生活。就他而言，在他专注坚定的行为里，既有祝福也有诅咒。因为他的专注与努力，未来许多好事会纷至沓来，但他也会付出代价。而身为父亲，我的职责便是帮助他进一步地编辑这张地图的内容，以便将来无论在哪里，他都可以找到最佳的应对方法。

如果你观察你的孩子，你会发现他们如何做事，以及他们间接展现的惯例和标准：

- 当他们玩玩具时
- 当他们画图时
- 当他们和朋友玩时
- 当他们试图解决问题时
- 当他们尝试新事物时
- 当他们处在奇怪的情况时
- 当他们成功或失败时

这一切都会告诉你孩子将如何处世，也间接地让你知道他们正用以作出决定的那张地图的样貌。比方说，如果你的孩子每次碰到新的事物都会怯场，那么这就是在暗示你那张决定他自信程度的地图样貌：他认为不去尝试比失败来得好。同样，如果他们每次遭遇到失败就大哭到难以安慰，这就是在告诉你他们对待失败的方式。

值得高兴的是，相比大人，孩子的心智地图更具有可塑性。通常，孩子的地图是用铅笔画的，而不是难以擦拭的墨水所画。这就意味着一旦注意到一项对他们没有帮助的标准（“没有人喜欢我”或者“不去尝试比冒险失败好”）时，你可以及时介入并帮助他们重画地图。

如果你不知道孩子是如何看待世界的，那么你将无法引导他们感受快乐或者成功。大人都不喜欢别人将意见强加于自身，其实孩子也一样。如果当你心情很糟时，有人对你说：“嗯，这样很傻，开心点吧。”这么说除了让你感到心烦意乱之外，可能再无其他作用。

孩子也是如此，如果你了解他们看待世界的方式，那么你就可以帮他们找到更轻松的应对方法。但你首先必须从他们所处的位置开始，并从那里开始努力。

3 大步骤，帮孩子改掉不良行为

交到我手上的，通常都是有着偏激行为的孩子。今天，我可能接收一个只有 10 岁、每当大人叫他走开他就会把脸弄得脏兮兮的，还在墙上踢出好几个洞的孩子；明天，我可能碰到一个只有 14 岁、把刺伤一个人当做人生志向的帮派小混混；过几天，我可能面对一个只有 11 岁、跟谁都不说话的小女孩；又或者是哪一天，我遇到一个只有 9 岁、每当他大发雷霆，人们就担心他是否会严重伤害自己或他人，并惹来警察的小男孩。

表面上看，这全都是些存在诸多复杂问题的“难搞”孩子。的确，碰到这些情况，人们很容易受表面的复杂程度影响而迷失方向。为了明确方向，我制订了一整套解决问题的模式。我把所有行为问题，都归结为以下 3 个方面的不足：

- 技巧不足（不知道做什么或者怎么做）
- 能力不足（难以跨越的一步）
- 动机不足（不太在乎以至于不想做）

于是，当和孩子们坐下来、尝试找出解决办法时，我总会从技巧、能力和动机这 3 个方面出发检视孩子的实际情况。我想确认的是，我要求孩子采取的行动是不是难以跨越的一大步，他们有没有足够的技巧从一开始就采取这样的行动，他们是否有足够的动机来采取这种行动。只有对孩子当下情况有了清楚的认知后，我才会从目标开始反向进行。也就是说，我先制订出理想的行为，比如用健康的方式表达愤怒，然后将它分解成几个步骤；最后只要将这些步骤教给孩子，把焦点放在他们特别不足的地方即可。事实上，你需要做的只是帮助他们填充不足区域。

同样的方式，也适用于你的孩子。我经常遇到一些家庭，父母正为不知道如何帮助孩子而深感困惑。其中，这些常见的问题内容如下：

- 不会用合理方式表达愤怒
- 自卑
- 害羞
- 缺乏自信
- 不会交朋友或维持友谊

之所以会存在这些问题，是因为对于孩子所遭遇到的困难，父母的情绪反应往往会妨碍他们看清事实的真相。通常，当我让父母描述他们为孩子担心的行为表现时，他们大都很难具体说明。比方说，钱宁或珍妮的父母跟我说，钱宁或珍妮很容易生气，但是他们却很难描述钱宁或珍妮发脾气时的几个具体步骤。

帮助孩子解决问题的方法，就是我之前所强调的你必须、绝对、务必做好计划。你要将一切变成明确的步骤，并以它为指导方针以达成皆大欢喜的结局。比方说，“害羞”是个很广泛的概念，涵盖多种行为。为帮助害羞的孩子，许多父母虽然想尽办法，却不尽如人意。通过以下例子，我将教会你利用3个简单的步骤，帮助孩子克服害羞心理：

步骤1：具体描述孩子存在的问题。

步骤2：从能力、技巧、动机方面评估问题所在。

步骤3：帮助孩子培养所缺技能。

虽然讨论的是害羞问题，但请牢记，这些步骤同样适用于你可能遇到的所有问题。接下来，我将具体分析每个步骤是如何解决“害羞”这个问题的。

步骤 1：具体描述孩子存在的问题

1. 描述引起不安的行为

和陌生的小朋友们坐在一起或站得很近的时候，会一个人安静地玩耍，还不时看看其他孩子。

2. 描述问题过程和步骤

看到不熟悉的小朋友们，就会开始变得安静、不安和焦虑。站着思考几分钟后，退出团队开始自己一个人玩耍，且不时回头看着大家。

3. 描述任何例外情况

当和表妹在一起时，会跟其他小朋友们一起玩。刚开始只会在新的小朋友们旁边跟表妹玩，几分钟后就直接跟其他小朋友说话或者玩耍。

4. 确认优缺点

最大缺点是团体融入速度慢，而最大的优点则是一旦加入，团体融入度好。

准确辨识和判断出行为的例外情况是很重要的一环，因为它可以挖掘出某些十分重要，但却可能被忽视的优点。

步骤 2：从能力、技巧、动机方面评估问题所在

一旦清楚地挖掘出问题所在后，我们就可以进行第二个步骤，即确认你的孩子是因为能力、技巧或者动机不足，导致无法达到目标。

1. 确认共同目标

确认主动与新的小朋友们一起玩耍的共同目标，记住，确认目标的前提是你和孩子的意愿达成一致。

2. 将目标分成几个阶段

和新的小朋友接触；

看看小朋友们在做什么；

作出是否参与游戏的决定；

自我鼓励："其他小朋友会想要跟我一起玩"；

向团体移动；

用自信的语调询问自己可否加入；

加入团体活动。

3. 分析孩子的优缺点，判断出他们的不足在于（能力、技巧或动机）

主要的不足在于不能作出参与活动、自我鼓励和向团体移动的决定。

步骤3：帮助孩子培养所缺技能

现在，你必须做好进入第三个，也是最后一个步骤——填充不足的准备。这意味着你需要帮助孩子培养出他们所需的特定技巧，用以达成目标。对许多父母而言，问题的难点不在于清楚地知道自己应该做些什么，而在于如何教会孩子一项诸如上面"作出参与决定"之类的新技巧。为此，我特意列以下简单有效的技巧，引导他们帮助孩子掌握新技巧。

1. 将问题归因于外在因素

与其以孩子做错事的方式（他害羞或她生气）来讨论问题，不如将问题归因于某个生存在孩子世界之外的奇怪生物，比如：用"不安怪"表示焦虑，用"生气怪"表示愤怒。

不要说："你得停止生气。"而是说："你必须打败生气怪。"

不要说："不要害羞。"而是说："我们来看看你这次能否击退不安怪。"

这样做，意味着让你和孩子一起来打败生气怪，而不是让孩子因为无法停止愤怒进而感到沮丧。

2. 寻找和树立技巧模范

带你的孩子到有许多孩子的地方，比如游乐场。和孩子一起观察其他孩子玩耍的情况，然后挑出几个展现出目标技巧的其他孩子，和你的孩子共同讨论他们是怎么做到的。你也可以挑选一个类似情境，亲自做示范。完成之后，向孩子解释你已完成技巧。然后再示范一次，并问他们是否清楚你这次是怎么做到的。

3. 巧用故事时间

故事是很棒的教具。睡觉前，与其跟孩子一起阅读故事书，不如给孩子编一个故事。故事内容可以是关于一个不跟其他孩子说话的小女孩，或者是因生气怪而烦恼着的小男孩的经历。如果你不擅长编故事，你可以去图书馆找找相关的故事书。的确有这种类型的书，只是你必须亲自去找。

4. 解决他人的问题

和孩子一起聊聊遇到难题的其他小朋友，然后共同讨论这个小朋友可以采用的解决办法。讨论话题可以如此展开："我知道曾经有个孩子，她觉得向别人开口询问能不能一起玩是很困难的事情。你觉得她要怎么做，才能表现得更好呢？"

5. 在戏剧中练习技巧

通过戏剧，让孩子广泛学习。亲身执导并参与戏剧，剧中的角色面临和孩子相同的挑战，然后让孩子以表演的形式提供不同的解决方法。

6. 学会赞美

这是最不容置疑的方法，但有时我们还是会把这件理所当然的事情忘得一干二净。要知道，赞美之于孩子，好比阳光之于植物。只有太阳被照射着，它们才会茁壮成长。因此对于孩子任何正确的举动，你都应该立即且大方给予赞美。

7. 摒弃说教，引导孩子独立解决问题

一听到说教，每个人都会关上耳朵。因为没有人喜欢别人说教，孩子也是一样。与其告诉他们该做什么，不如询问他们怎么做才能解决问题。教导孩子如何思考，是养育孩子时最重要的一环，也是非常有用的工具。

上述简单方法，不仅能帮助你应付大量孩子在幼儿时期的常见难题，而且还能帮助你解决经常担心和关心的问题。当孩子有“自卑”心理时，只要你参照上述方法,**努力挖掘出问题之所在，准确找出孩子所具有的优缺点、积极确立共同目标并将目标拆成数个简单易行的步骤，然后一步一步完成即可**。但无论如何，你必须首先有个可以执行的计划，这样才不会无从着手。

请牢牢记住

1. 在进入接下来的案例之前，请先记住这里我所谈到的关于小脑袋的信息，还有前面所提及的8条法则。它们是我辅导所有家庭的重要基础。
2. 我和每个家庭的每次会面，都和这一切密切相关。
3. 你也应该这么做。

睡眠问题其实不难解决

对付“小小夜哭郎”的妙招：只有当他不哭时，才去抱他。

不要相信孩子诸如“妈妈，再讲个故事我就睡”之类的小花招，他其实是在为自己争取晚睡的权利。

大人的让步与妥协，正好持续“奖励”了孩子晚睡的行为：第一，他可以获得战胜父母的满足感；第二，他可以晚睡；第三，他可以吸引父母的注意力。

家有“夜哭郎”

你不必非得有个学位，才能一眼辨认出深受孩子睡眠问题困扰的父母。通常，他们脸上会有一种憔悴的神情，就像某些树木会滋生特定的霉菌一样，厚得让你感觉到触手可及。当家中有了孩子时，你通常会做好疲累的准备。但不可避免地，你还是会损失部分睡眠时间。幸运的话，你可能只会损失一点点；反之则损失惨重。

家族成员	沙恩（29 岁）、曼迪（28 岁）、新生儿康纳（5 个月）
问　　题	康纳难以安静入睡，长期如此！夫妻只得整晚轮流哄睡，但却都因睡眠不足几近崩溃。
备　　注	沙恩是位卡车司机，睡眠不足将严重影响工作。

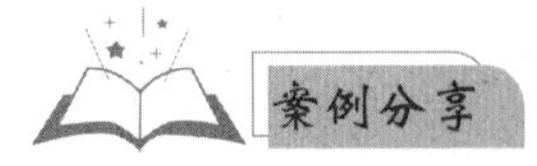

只有在大人怀中才能入睡的宝宝

看起来，沙恩和曼迪像极了刚从僵尸电影中走出来的临时演员。

一开始，我还将他们眼睛下方因过度疲倦而导致的深深凹痕误认为深色眼妆。他们看起来非常疲倦，以至于我不知道是应该给他们倒杯咖啡，还是打电话叫救护车好。

我刚说完“请进”，两人便瘫陷在沙发椅上。

“他就是不睡。”曼迪开口说。

“从来不睡？”我问道。从夫妻俩的疲倦神情看来，我甚至在心里已做好准备，即完全相信康纳自出生以来一直都睁大眼睛的。

“嗯，他还是会睡一下，”曼迪回答说，“但是从来不超过2个小时。”

“那请告诉我，你们晚间的作息时间。”我接着说。

曼迪呆望着我，而沙恩则睁大眼睛，呆坐在那里，仿佛已无呼吸。

“你知道，”我解释说，“晚间，当太阳下山以后的作息时间。”

“我们……嗯……我们并没有具体的作息时间。”曼迪回答。

看来，这对可怜的父母的情况非常糟糕。白天和晚上的界线开始模糊不清，甚至毫无差别。

“要来杯咖啡吗？”我问他们，心想化学刺激物可能会让事情有所进展。

沙恩微微动了一下，紧接着松了口气说：“真是太好了，谢谢你，老兄。”

喝完咖啡后，事情果然有了些进展。我得知在刚出生的前两个星期里，康纳其实跟其他婴儿一样睡得甜美。只要不是进食时间，他几乎都在睡觉。但正当夫妻俩开始庆幸自己避免了一般父母无法摆脱的挑战之时，小康纳醒了过来，他们的生活也由此陷入苦难。他们唯一能让他入睡的办法，就是把他放在前背式布袋里，背着他在家中走动。而这也正是噩梦的开始。从那时以后，无论白天还是晚上，他们都得背着他在家中走上几个小时。

“在过去的5个月里，我们可能走了有1万公里的路程。”喝完大量浓咖啡，终于短暂地从昏迷状态中清醒过来的沙恩如此说道：“只要我们停下脚步，把他放下来，他就开始大哭。”

“然后，你怎么做？”我问道，虽然已经知道答案。

“再把他抱起来。”沙恩说。

“你们有没有试过不理他？”

“有过几次。”曼迪说。

“然后，发生什么事？”

“他就一直不断地哭。”

“于是，你们就再把他抱了起来？”我问。

她点了点头，说：“对。”

“好了，”我说，“为了既让小家伙拥有良好的睡眠习惯，又可以让你们回归正常生活，现在让我们把问题好好整理一下吧。”

他们用力点着头，虽然我看出咖啡因的刺激作用已经开始失效。

问题在哪里？

睡眠不会自动发生，而是我们必须学习的技巧。更确切地说，它是让一个人安静入睡的能力，是你必须教导孩子的一种技巧。在教导孩子之前，你必须知道的是，婴儿时期是学习最快的阶段。因为刚出生的他们有着充满好奇的小脑袋，不顾一切地想要厘清世界的混乱。换句话说，**为了了解这个世界，孩子需要规则。如果你没有指导或者指导不当，他们就会开创出属于自己的世界。**

康纳就是如此。因为父母没有为他的大脑提供合理的组织架构，所以他为自己制订出规则，即只在父母背着他走动时，他才睡觉。当他还是5个月大的婴儿，你尚且可以这么做，但这绝非长久之计，因为当他已经15岁时，你将没法再抱着他入睡。

读懂孩子哭闹背后的语言

正如我在第一章中所言：“孩子的所有行为都是在与外界沟通”，当婴儿哭闹的时候，其实是在用自己的方式昭告世界，他觉得事情有些不对劲。所以，你必须首先要做的最重要的一件事情就是，挖掘并迎合小家伙当下的需求，然后让他再次进入梦乡。

不少有关解读婴儿哭泣的书籍，里面经常会提到婴儿的每一种鼻息和声音分别代表了什么意思。我绝对相信有人可以区分出婴儿的号啕大哭、咕哝声和咯咯声之间的细微差异，因为既然人类可以辨认黑猩猩和河马不同声音间的细微区别，为什么对孩子就不能？遗憾的是，我没有致力婴儿的沟通方式这方面的研究，所以这对我来说至今是个谜团。虽然多年来，我逐渐得知自己的孩子大部分喊叫声中所代表的含义，但却无法读懂别人的孩子。对我而言，他们的哭叫声不过是刺耳又难受的噪音罢了。

虽然关于婴儿哭叫声的分类非常复杂，但为了便于提供简单基本的入门指导，我将其简化为以下 5 种类型：

◆ 我饿了。

◆ 我胃胀气。

◆ 我不舒服。

◆ 我好累。

◆ 喔，可恶，我的裤子上满是脏东西。

如果你参照我的提示，每天浏览并确定以上清单，很快你将会知道你那亲爱的小家伙是如何表达不同程度的不适的。

◆ 我们今天喂过他了吗？

◆ 拍背让他打嗝了吗？

◆ 该换尿布了吗？

◆ 孩子生病了吗？

◆ 是不是他太累了，所以情绪比较激动？

由于前4项易于确认，因此接下来我们要讨论的是最后一项。但在讨论之前，我想提醒你的是，无论如何你都要相信自己的直觉。如果孩子的哭声听起来有些异样或者不对劲，又或者你总是觉得哪里有些奇怪，那么你应该直接带他去看医生。等医生诊查过孩子，并确信没有什么异样后，你才能安下心来做我接下来所要讨论的事情。

睡前暖身的重要性

无论孩子年龄多大，他们都需要有规律的睡前作息。他们需要父母的提示，以便规律地从“清醒时间”切换为“睡眠时间”。道理虽然不言而喻，但许多父母并不这么认为，或者至少他们不了解“暖身”的重要性。规律的睡前作息的目的在于给孩子一连串的暗示，提醒他们准备就寝。如果婴儿能习惯进入睡眠前的各个步骤，一旦他们被移到婴儿床上，就会马上安静下来。

帮助孩子养成良好的晚间作息习惯相当简单，以下是我的建议：

1. 晚餐（用餐不要太晚）；
2. 洗浴时间（泡泡浴、游戏、泼水花等）；
3. 讲故事时间；
4. 准备上床（熟悉、舒服的环境会让他们觉得安全又放心）；
5. 睡觉；
6. 大人时间（这时你可以用来看电视、喝茶、畅享个人空间）。

晚间的固定作息非常重要，如果你按我的建议做，那么你的孩子就能一觉睡到天亮。但如果你像沙恩和曼迪一样，没有让康纳养成一个良好的晚间作息习惯，那么你将需要大量的耐心和消耗更多的精力，而这绝对不是你想要的结果。

当进入了睡眠准备工作的中段（也就是后洗澡时期）后，你务必记住，此时唯一的目标就是在短时间内改变小家伙的潜意识，好让他安顿下来准备睡觉。因此，这时你和他的言行互动都应该聚焦在睡觉这一目标之上。这就意味着，你必须学会辨认孩子疲倦的信号，如打呵欠、身体稍微抽动、闹情绪或者看起来很累。你还应该学会对他们的疲倦状态适时适度地调控，否则他们会因为过度疲累而难以入睡。

在临床催眠领域中，有句名言："使用与动机相符的语调。"言下之意是，如果你想让人们感到温暖，那么你的语调听起来应该充满温暖；如果你想让人们感到放松，那么你的语调听起来就应该是放松的。同理，如果你想让孩子安然入睡，那么千万别像个卖鱼妇人或者发怒的锅炉工人一样大声叫喊，而是用与目的相符的语调说话。

别理他，就让孩子哭个够

哭泣从来不会伤害任何人，真的。

如果家中有个睡眠习惯不好的小家伙，那么你就必须做好经常"收听"哭泣的心理准备。除此之外，别无他法。如果你觉得他们的哭声让你很难受，你需要做的不是硬起心肠，就是去买一副工业级的耳塞。因为要想拥有良好的睡眠习惯，哭泣是不可避免的途径。

所有睡眠计划都应该建立和运作在同一基础原则之上，那就是"哭泣无害"。有人称此为"哭泣控管技巧"，其实就是让孩子哭，最后他们自然就会入睡。或许这样做非常难，但几年都无法好好睡上一觉更难。因为孩子的睡眠问题，许多父母在精神上都承受极大的压力。而你唯一能做的，就是无论何时，无论遇到什么困难，都认真切实地执行和运作好以下这个计划：

1. 进行常规睡前作息活动。
2. 将小宝贝安顿在床上，用轻柔语调安抚他。

3. 安静地离开房间。

4. 当他第一次开始哭时(他会这么做),等待5分钟后再进入房间。

5. 当你回到房间以后，不要跟他有眼神交流，也不要说话，只是拍拍他或者摇摇床直到他安静下来，然后再次离开。

6. 当哭声再次开始响起后，等待6分钟后再进去。

7. 重复这样的动作,但每次都将等待的时间拉长,直到孩子入睡。

8. 疲惫地瘫在椅子上，如果还在担心孩子长大以后会不会觉得父母不爱他或者忽略他，那么请再翻回这页看第9项。

9. 不，他们不会。

我知道你此刻正在想什么，因为当第一次得知这种方法时，我也有同样的担忧："这样不会让孩子受伤吗？"当时虽然无法确定这样的睡眠技巧是否会留下什么后遗症，但我确切地知道睡眠被剥夺几年后，孩子和父母都将受到多大的伤害。我得出结论：对每个人的精神健康而言，睡觉比不睡觉实在要好上很多。

我家也曾有个"夜哭郎"

身为父亲，我发现自己也很困惑。当我的大儿子还小时，他也有睡眠的问题。身为人父之前，我不停地教导别人应该如何建立良好的睡眠习惯，但有一天，我发现自己也碰到相同问题：晚上10：30，我抱着躺在前背式布袋里的大儿子在家里走来走去——我也陷入自己多年来提醒别人要当心的处境当中。不过还好，当意识到这点时，我马上清楚自己应该实施"哭泣无害"睡眠计划。

教导其他父母相信"放任孩子哭泣是很件简单的事情"是一回事，遵从这一原则对待自己的孩子又是另一回事。前者容易，后者困难。最终，我和妻子执行了这个计划，但不可避免的是精神上遭受到极大的痛苦。某个下午，我们坐在客厅里，听着孩子尖叫，感觉糟糕透了。

“你确定这不会伤害到他吗？”妻子问我，和我一样心烦意乱。

“嗯，这多年来，我都是这么教导别人的。”我故作镇定地说。

我们继续坐在那里，听着孩子尖叫。我一边冒汗，一边绞尽脑汁想着所有我知道的、关于孩子、关系、疏忽的一切。与此同时，持续不断的号啕声让我心生疑虑。等待 7 秒后，当我们再次进入房间时，大儿子的脸因哭泣而变得发紫。刹那间，我对这个“哭泣无害”计划再也肯定不起来。看着大儿子因哭叫仿佛马上要爆炸的身体，听着他像是感到被遗弃和背叛般的号啕大哭，有那么一刻，我确信：就算他没有真正爆炸，精神上也会受到伤害。假如再放任他哭泣，就必定在他心里留下永远的伤疤。

质疑之余，我甚至不敢相信这么多年来，自己竟然一直都在教人这么做。看起来，它毫无人性又极为粗暴，像极了残忍而又奇怪的处罚方式，无疑是对孩子所能作出最糟糕的事情了。我走出房间，妻子坐在客厅里，她的头正埋在双手里。儿子就要爆炸了，而这都是我的错。

“你要做什么？”见我拿起电话，她问道。

“我要打电话给妈妈。”

真是令人惊讶：我是心理咨询硕士，有 10 年对付最“难搞”孩子的工作经验，而现在我的反应竟然是打电话给我妈。

“嗨！妈。”

“嗨，亲爱的，一切都好吗？”

“不太好，我们为孩子的睡眠烦恼呢。”

她笑了笑，然后说：“那是他的声音吗？”

“嗯。”

“有时孩子哭泣是会让人心烦啦。”妈妈似乎安慰我道。

“那你曾经放任我们哭泣，而不理会吗？”

“肯定有啊，我有 4 个孩子，总有不能马上赶到你们身边的时候。”

“过多长时间？”

她停了一会，说：“差不多半个小时吧。”

“还有比这个更久的吗？”

“有可能，因为你有时会很固执。”

听到这里，我松了一大口气，继续说道：“而且我不恨你，对吗？”

她笑了笑，回答说：“我想应该是这样。”

“嗯，我真的一点都不恨你，那些经历也没有给我留下任何一丝伤害。”我一边笑着，一边肯定地说道，感觉自己瞬间有了钢铁般的决心。

“好了，小家伙的计谋被我识破了，我又可以彻底实行计划了。”既然我曾经哭泣，现在我并不恨我妈，那我的小家伙也不会让我心生愧疚而屈服。想到这，我兴冲冲地对电话那头说：“谢谢你，妈。”

挂上电话后，我告诉妻子我与妈妈对话的内容。

“你真的不恨她？”

我自信地摇着头说：“不。”

说完，我们继续贯彻计划。虽然开始有点困难，花了差不多一周时间，但最终我们成功了。几天之内，我们从原来的彻夜无眠，变成了夜夜好眠。直到今天，我两个儿子都有良好的睡眠习惯。更重要的是，他们对我也没有丝毫怨恨。

“你真幸运，有睡眠习惯这么好的孩子。”人们经常会这么说。其实，这跟运气一点关系都没有。

执行睡眠计划，意志一定要坚定

我让曼迪和沙恩一起熟悉这个睡眠计划，但看起来他们有些犹豫。于是，我告诉他们有关我和我妈的对话。听完，他们决定试试。

第二天，我打电话给他们：“曼迪，一切进行得还顺利吗？”

“方法一点用都没有。”

“为什么？”

“他就是一直在哭，不肯停下来。”

“你最久让他哭了多长时间？”

她带着罪恶感般停顿了一下，说：“5分钟。”

我笑了笑，接着问：“那你接着做了什么？”

“把他抱起来。”

“然后呢？”

“然后他马上就睡着了。”

“你知道我接下来要说什么，对吗？”

“对的。”

“曼迪，要知道我不恨我妈，而我的孩子也不恨我。”

“你说得对。”

“那你知道该怎么做了吗？”

“我知道了。”

“那周末会再打电话给你，你看如何？”

“那我等你电话。”

“记住要坚定。”

“好，我会的。”

星期天早上，我再打电话过去。

“嗯，”我问道，“有什么新消息吗？”

曼迪用听起来开朗许多的语调回答说：“真是太神奇了。”

“怎么了？他在水上行走吗？”

她笑了笑，接着说：“比那还好，他从昨晚7：30一觉睡到今天早上6：00。”

“太棒了。”我说。

“这真是太不可思议了。”她说，“一整晚。”

“做得好，他最久哭了多长时间？”

“第一天，哭了20分钟才睡着，第二天只哭了5分钟就睡着了。再后来几天，他就完全不哭了。他一躺下，发出些声音后就睡着了。”

“了不起，曼迪，你做到了。”

“能够拥有属于我们自己的夜晚，还能拥有一夜好眠，这真是太棒了。”

“那你觉得康纳会恨你吗？”

她又笑了，说：“我认为他不会。”

“很好，”我说，“你现在要做的，就是教他理财、做饭、开车，接着作好帮他搬到自己的房子去住的准备。”

“我们可能会先考虑多睡几个好觉。”

“好主意。如果再有任何问题，随时打电话给我。”

“好的。”

从此，我再也没接到过他们的电话。

小孩整晚哭闹，怎么办？

1. 制订规律的睡前作息。
2. 确保他们吃饱、身体整洁健康。
3. 等他们哭够5分钟后，进房拍拍他们；接下来是6分钟，然后轻拍；再接下来是7分钟……循环下去，直到他们入睡。
4. 如果你担心，就检查一下尿布和体温。
5. 态度要坚定，不能屈服。
6. 如果你还是很担心，而他们又不停止哭泣，那就带他们去看医生。
7. 当你再次确认了宝贝的健康后，再从头开始。

8. 切记，当孩子生病时，必须把睡眠计划抛到九霄云外。

9. 当良好的睡眠模式固定下来后，你就可以好好休息并享受一切了。

睡前折腾到很晚

家族成员	马克（30岁）、萨拉（26岁）、女儿珊（4岁）
问　题	每晚，珊都拒绝睡在自己的床上，而且整晚都在不断闹情绪。
备　注	珊对汤匙有特殊喜好。

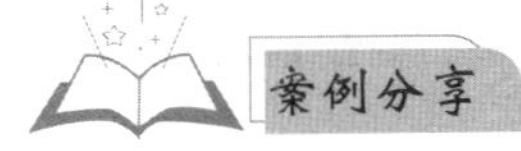

不折腾到很晚，她不罢休

今年4岁的珊是一个讨厌床和睡觉，喜欢蔓越莓果汁和汤匙的小女孩。在外人看来，她活泼可爱；但对于父母而言，她整天蹦蹦跳跳和迷恋汤匙问题，令人头疼。她的父亲马克是会计师，而母亲萨拉则在一家法律事务所工作。看起来，他们像那种孩子出生前就会购买育儿书籍，而且会认真阅读的父母。我甚至可以断定，他们把教养孩子当作一件非常认真和严肃的事情。

“她有一点难以控制。”当珊在角落玩着积木时，马克说道：“但是大多数时间她都表现得很好。”

“除了晚上。”萨拉插话说道。

“对，”马克说，“晚上的表现不是很好。”

“那晚上通常会发生些什么事？”我问。

萨拉转了转眼珠，说道：“无论我们怎么做，她就是不肯安顿下来。”

“噢，”我点点头，继续说道，“请告诉我大概情况。”

于是，他们告诉我差不多每天晚上8：00左右，他们必须开始打第一仗，那就是在珊看起来有点疲倦时，把睡衣拿出来，让她换上。但是这时珊通常会在家里跑来跑去，不肯就范，因此他们不得不一遍遍重复：“珊，现在就过来这里。”

当睡衣这一仗终于打完后(差不多已经8：30)，他们把珊抱上楼，准备上床睡觉。但放到床上时，珊的手上一定要有一瓶蔓越莓果汁、一把她最喜欢的汤匙，房间里还必须播放她最喜欢的录像带。

然后，马克会在房间里静坐大约20分钟，直到珊全神贯注看电视时，悄悄离开。但当他刚走到走廊尽头时，第二仗就开始了。珊开始呼唤他，于是马克只得回到房间，重新把她安顿下来后再次离开房间。但这次，珊不再只是呼唤他，而是跟着离开房间，走到走廊上。于是马克只好又一次带她回房间，但才离开一会儿珊又起来了。如此反复，并经常持续好几个小时。好不容易等到晚上11：00或者半夜，珊终于累得不行，在地板上睡着了，他们才帮她盖上毯子，想把她抱回床上。但这时她又醒过来了。一切又从头开始。不仅如此，珊每晚还会醒来两三次。最后，夫妻俩只得把她抱回自己的房间。这时已经差不多凌晨4：00了。

“当她睡在你们床上时，你们怎么做？”我问。

萨拉叹了口气，说：“我们能怎么做，让她留下来呗。这个时候，我们都累得只想马上睡觉。”

对于尚处于学步期的孩子利用计谋来打败父母的“高超水平”，我颇感吃惊。我想如果参加一个有关决战父母的电视实境节目，处于学步期的孩子一定会是最后离岛上岸的人，也会最终赢得百万奖金的优胜者。证据是：萨拉和马克都受过高等教育，却被一个幼儿园没毕业的4岁小女孩打败了。但由于我自己也曾被处于学步期的孩子打败过，所以我不想对这对夫妻过于严厉，于是问道："汤匙是怎么回事？"

马克笑了笑，回答说："哦，这个，她对汤匙有特殊喜好。"

"任何一种汤匙吗？"

"嗯，是的，但最喜欢闪亮且扁平的那种。"

听到这里，我不由自主朝珊望去，发现此时她正紧握着一把闪亮的汤匙。于是，我朝她打招呼说："嘿，珊……"

她抬了抬头。

"你手上那把汤匙看起来很棒，可以给我看看吗？"

我的话音刚落，她便把汤匙举了起来，脸上带着4岁小女孩的害羞笑容，好像正向他人炫耀自己刚刚赢得了奥斯卡最佳动画视觉效果奖。

"哇，这把汤匙真的很漂亮。你应该把它种下来，然后看看能不能长成一棵汤匙树。这样，每天你都会有既新鲜又漂亮的汤匙了。"显然，珊有些不相信我的话，她用那种孩子"特有"的半信半疑的眼神看着我。

我始终认为对孩子编造夸张荒谬的善意的谎言是每位父母的责任，因为除了有趣之外，它还可以让孩子拥有一个充满魔法的奇妙境地。为争取她的信任，我继续说道："但那样的话，你就得小心汤匙猴了。"

她皱着眉头，看起来满脸疑惑。

"因为如果你有一棵汤匙树，那么很快就会出现一群汤匙猴，想把汤匙带回汤匙猴山。"

"为什么？"珊问。

我看着她，用轻松的语气反问道："不然，它们怎么吃卡士达甜点呢？"

想了1分钟后，珊回答说："喔……没错。"然后，她就转身玩积木去了。很显然，她已接受了我刚才跟她说的一切。相信我，向孩子们说善意的谎言，对他们的灵魂是有益的。

原来珊对汤匙很着迷，无论到哪里都要带上一支，尤其是在睡觉的时候。更主要的问题是，她不断掉落和搞丢汤匙，然后非得等到当场打开灯，在床底或者毯子下找回汤匙才肯去睡觉。而大多数晚上，她都会至少有一次“地毯式搜索”。

听完夫妻俩的大概情况介绍并和与珊交谈过后，我对马克和萨拉说：“好的，我对情况已经有了全面的了解，现在请告诉我你们现在最需要什么。”

“一夜好眠。”萨拉马上回答说。

听完，我微笑着说：“好吧，让我们为它奋斗吧。”

问题在哪里?

幼儿和婴儿的睡眠问题大体一样，唯一不同的是，当婴儿长成幼儿时，他们会试着运用更多狡猾且奇怪的方式对付父母。婴儿能采用的方式非常有限，那就是哭泣，但是等到长成幼儿后，他们对付父母的水平会越来越高。

千万不要责怪他们，因为这是他们的工作。他们有着不可思议能力，能够察觉到父母希望他们上床睡觉的极度渴望，并狡猾地利用父母的沮丧来打一场胜仗。所以，他们有时会把我们逼到无路可逃。

但同时也请记住：所有孩子都是食人鱼。表面上看，只要我们满足他们“再多为我做一件事，我就会去睡觉”的要求，他们就会马上安静下来并准备睡觉，比如说：

- 如果你再帮我拿最后一台玩具车……
- 如果你再帮我拿最后一杯水……
- 把窗帘拉好……
- 跟玩偶亲吻道晚安……
- 帮我拿最后一杯水……

- 把窗帘打开……
- 再念一个故事给我听……
- 再帮我拿最后一杯水……
- 把头发染绿，然后跳快舞给我看……
- 签下这份合约，同意我是拥有所有一切的老板……
- 再帮我拿最后一杯水，我保证一定会去睡觉，我发誓……
- 把水装在我的小蜜蜂杯子里，摇晃均匀而不是搅拌，好吗……

他们绝对不会就此作罢，正如希特勒不会停止攻击波兰一样。

珊也不例外。她是喜欢汤匙的金发食人鱼，狡猾地要求父母每晚为她跳舞。珊最终会就范，但首先必须打破她一手建立的循环。正是利用这种循环，她让父母沮丧至极并一步步向她屈服，疲于应付热闹非凡的混乱之夜。

消除干扰孩子睡眠的一切因素

所谓“睡眠三重奏”，即固定作息、固定作息、固定作息。听到这些，也许会让你感到惊讶，但固定作息就是一切，它意味着你不仅必须提示孩子睡觉时间到了，而且还应该营造睡前暖身的氛围。此外，你还必须清除任何与此相冲突的事物：

- 果汁（睡前喝了这东西，会对孩子的牙齿不利）
- 电视
- 亮着的灯

如果你很难让孩子入睡，那么你必须做的第一件事就是停下脚步，检视你的睡前作息。记住，你必须、绝对、务必做好计划。站在客观的角度，你会发现自己也正是通过停止做那些与睡觉相冲突的事情而进行睡前暖身的。

孩子亦应如此，如果没有良好的固定作息，他们也不会安静下来。

一般而言，在飞机降落时，机师最怕出现起落架没有放下这种情况。身为父母，你又怎么可以不放下起落架，就让孩子降落？如果坚持这么做，那你就将面临尖锐的摩擦声和火舌摧毁一切的结局。因此为了让珊有固定的作息，我们首先必须帮她摆脱果汁、电视、灯光和汤匙，用更合理的作息计划替代她精心策划的让大人崩溃的作息习惯。

孩子上床后，不要与他互动

让飞机降落，并不代表只要将整个机身放下来就行了，还需要降落技巧。如果小家伙总是无法安分地待在床上，那你也需要一种良好的收尾技巧。这最后一步非常关键，不能搞砸了。

照顾婴儿，你需要的是内在的力量（如果你失败了，只需买一副工业等级的耳塞即可）；而要照顾幼儿和儿童，你需要的就是睡眠魔法。了解这一点非常重要。如果你已经完成了全部睡前作息，只剩下把孩子抱上床准备睡觉这最后一件事，那么当孩子头刚碰到枕头时，你就应该再次换挡，并且专心致志于唯一目标：睡觉。

这时，你只需抱抱他，给他一个吻，然后告诉他现在是睡觉时间。千万不要询问他说："亲爱的，现在睡觉了好吗？"如果问了，你觉得他们会怎么反应呢？"当然好，爸爸，我看得出来你这么要求是为我好，可我只是个 4 岁孩子。"不要问，而是直接告诉他！

当然，你不能像个受训的士兵，或者的卖鱼妇人一样严厉或大声叫嚣，而要使用与动机一致的语调说话。不要用尖锐、刺耳的语调，也不要吼叫、唠叨、埋怨，更不能对孩子隐约其辞，而是给予他们安静、温暖且非常清楚的指示："好了，亲爱的，现在是该睡觉的时候了，晚安。"

这个时刻，也是睡眠魔法生效的时刻。简单地说，"睡眠魔法"就是在绝对信心里神奇地创造出睡眠的过程。它让你绝对相信睡眠从现在开始发生，是唯一可能的结果。假如你心生怀疑或者失去信心，孩子就很可能对此有所察觉，也就不可能乖乖睡觉，所以你必须绝对相信并承诺睡眠必将到来，而且必须坚持下去，直到孩子睡着。

在告诉孩子他现在必须睡觉以及他对睡觉目标作出承诺后，你需要做的就是停止与孩子互动。不要再有任何对话、眼神交流或干扰互动。根据所面临的困难程度，你可以直挺挺地坐在床脚处、地板或椅子上，站在门口附近望向别处，或者走到孩子视线不及的走廊上。只要保证人在那里，心思却不在那里就可以了。

这时，你所需做的唯一事情就是忽略一切，不作任何反应。哪怕是房间里传来呜咽声、尖锐刺耳的请求，你都不要理会。你只需要静静地坐在那里，等待睡眠降临，然后等孩子安静下来以后，回到自己房间。这可能需要花上一段时间，但请坚持。如果孩子走下床来，你只要把他们抱回去就好，不要与他眼神交流或交谈。如果你觉得非常有必要重复说声："现在是睡觉时间"，这我不反对，但仅止于此，不能再有其他任何的交谈。

事情就这么简单：如果你下定决心，并且按照以上的步骤运用"睡眠魔法"，那么你的孩子就会乖乖睡觉；如果你犹豫不定，且无法坚持的话，那么你的孩子将不会睡觉。第一个晚上可能会是一场意志对决和信心较量的双项全能比赛。但接下来的几个晚上，当固定作息模式逐步形成并日趋完善时，孩子将很快入睡。你也会从之前长达数小时的战争中抽身出来，切换到一连串安置上床、亲吻、离开房间的流畅动作之上。

温和而坚定地带她回到床上

一听完我的解释，马克和萨拉马上就认可了我的建议，即给孩子养成固定作息习惯，并且帮她摆脱所有妨碍睡觉的事物。但萨拉还是有些怀疑，她故作大声地自言自语道：“那汤匙该怎么办？难道直接从她手上把汤匙拿走吗？”

看得出，萨拉非常不乐意这么做。更何况，果真那么做的话，珊一定会怒不可遏，她可不想承受孩子接踵而来的愤怒。不过，谁说父母要么只能退缩屈服（由于害怕孩子的反应），要么只能独裁专制（为了降服孩子），如果没必要，又何必非得对抗？

“汤匙？很简单。”我回答说：“让我试给你们看。”

说完，我转向珊并向打招呼：“嘿，珊！”

珊抬起头来，回应道：“什么事？”

“可以让我看看你的汤匙吗？”

珊看上去满脸疑惑，似乎不明白我的用意。

“是这样的，我是一个汤匙医生。之前，有很多小朋友都会带着他们的汤匙来找我，让我替他们检查一下。你也想让我帮忙看看你的汤匙吗？”

想了一会儿后，珊害羞地点点头，然后站起来，把汤匙递给我。我接过汤匙，把它平放在一张卫生纸上，然后装做很用心地检查汤匙，并尽可能发出诸如“嗯”或“啊”之类的、像是医生可能会发出的声音。

好一会儿，我才把汤匙拿给珊，并指着弯曲的柄端，对她说：“这把汤匙是我看过的最累的一把汤匙了。你看到了吗？”

她认真地看着，然后点点头。

“你看到它中间弯曲的程度吗？”

她再一次点头。

“这把汤匙累得身子都弯曲了，它是我见过的、弯曲得最严重的一把了。这把汤匙在家里是不是没有自己的床呢？”

她摇摇头，回答说：“没有。”

“哦，原来如此。”我一边说着，一边把汤匙还给她。“珊，那么你想帮帮这把汤匙吗？”

她马上点点头，说：“想。”

“好，原来珊是一个非常有爱心的好孩子。但是如果要帮助这把汤匙的话，从今天起你就必须为它找一张特别又舒适的小床，然后当你爸爸妈妈带你上床、道晚安前，先把它带上床睡觉，好吗？”

她点点头。

“如果汤匙试着离开床，你就告诉它，它必须待在床上睡觉，因为晚上是睡觉时间，好吗？”

她又点点头。

“嗯，真是个好孩子。我相信有像你这样的好孩子照顾它，它一定能好好地睡上一觉，很快也就会感觉好多了。”

说完，我转向马克和萨拉，问：“你们了解该怎么做了吗？”

“嗯”，马克和萨拉异口同声地回答后，开心地离开了。

几天之后，我打电话问他们事情进展。果然事情大有好转：第一天晚上出乎意料地轻松，珊吃了晚饭并洗澡后，乖乖换上睡衣，并且帮她的汤匙也换上睡衣，然后听父母在客厅的沙发上讲故事，接着就上床睡觉。像是事先安排好的一样，当珊把汤匙放到床上后，马克将珊放到床上，告诉她该睡觉了，然后安静地坐在床尾。

珊一开始总是习惯性地想跟爸爸说话，并且有点闹情绪，但是很快就安静地躺在床上。不料 5 分钟后，她又睡眼惺忪地走出房间，但马克什么都不说，也不注视她，只是温柔坚定地把她带回房间，然后坐在那里等了约 5 分钟，就悄悄离开了。这是有史以来珊第一次在晚上 7：30 左右入睡。

到了第三个晚上，他们只需要亲吻道晚安就可以了，再也没有出现睡到一半起床的情况。

“真奇妙。”萨拉说：“简单的技巧竟然有这么大的作用。”

如何搞定睡前过度兴奋的孩子

1. 关系决定一切：固定作息、固定作息、固定作息。
2. 摆脱一切背道而驰的事物（果汁、电视、灯光、跳舞熊）。
3. 当孩子躺在床上时，告诉他们现在是睡觉时间。
4. 在孩子作出下一步行动前，尽可能地退到远处（床尾、地板中间、门口），然后坐在那里不作任何反应。
5. 如果他们走下床来，你把他们抱回床上，然后回到自己房间。
6. 除了孩子下床外，忽视其他一切，关键就在于不作回应。
7. 耐心地等待，记住只有一个可能的结果……睡觉！
8. 当孩子开始安静下来准备入睡时，缓缓安静地离开房间。如果他们有所反应，稍微退回来一些，再稍作等待。
9. 当你发现他们在打盹时，享受当下。

一定要睡在大人的床上

家族成员	西蒙（29 岁）、佩特蕾（28 岁）、儿子乔丹（8 岁）
问　　题	乔丹拒绝上床睡觉，而且只在与西蒙和佩特蕾一起时才愿意去睡。即使如此，让他睡觉还是非常困难。
备　　注	情况已经有点失控。

都这么大了，还和爸妈睡一床

当西蒙和佩特蕾对我说，他们拿孩子一点办法都没有时，我感到很困惑：一个8岁的孩子会有多大能耐？

刚见面时，我注意到乔丹的脸上有种神情：一种被宠坏了的孩子特有的神情。看来，这确实是个“问题孩子”。

“乔丹一直以来都有睡眠问题。”佩特蕾说。

“怎么说？”我问。

“从他还是婴儿起，我们一直就很难让他安顿并睡个好觉。”

“你可以形容一下，当他还是婴儿时，你们都怎么做吗？”

“当然可以。”佩特蕾回答说，然后就开始详细描述。

不过，佩特蕾的描述全在我意料之中，他们几乎破坏了所有的规则：抱着小乔丹走上几个小时、为哄他入睡开车带他兜风、喂他喝牛奶，抛弃所有与固定睡前作息相关的事情。结果，只有到精疲力竭时，乔丹才可能睡觉；而他唯一会主动睡觉的情况，就是当佩特蕾和西蒙因过度疲劳已经睡着的时候。

“我明白了。那等他再大一点，从婴儿床睡到床上之后呢？”

西蒙有点生气地回答说：“他从来就没有真正地睡在婴儿床上，大多数时间他都睡在我们床上。”

我望了望乔丹，虽然他的体型不算庞大，但在同龄人中也算是个子比较高的。于是，我问他们：“那你们的床够大吗？”

西蒙耸了耸肩：“当他睡在我们床上时，大多数时候我只能离开，睡到他的房间去。”

“这种情况多久发生一次？”

“每天晚上。”

我简直不敢相信自己的耳朵，于是又像求证一般说："那么你是说……"

"每天晚上。"西蒙说。

"一般要持续多久？"

他又耸了耸肩："直到早上。"

我摇摇头，解释说："不是，我是说你睡在他床上的这种情形有多久了？"

"从他3岁开始。"

"5年了？"

西蒙又耸耸肩，"是啊，不然怎么办，跟他睡在同一张床上，他的手肘总是打到我。"

我望了一下一旁的乔丹，只见他低着头，脸上带着笑容。不知道这是带着恶作剧的温和笑容，还是带点优越感的表情。

"真是这样吗？"我问他。

他点点头，没说话。

"哇！"我说："你才8岁，就知道偷走爸爸的床了。"

"我没有偷走它。"他有点委屈地说。

"你没有吗？"

他摇摇头，说："没有。"

"那你昨天晚上睡在哪里？"

他没有说话，但是不自觉地微笑着。

我转向西蒙，问道："关于这个情况，你怎么看？"

"我当然不喜欢这样，肯定是希望他睡回自己的床上。"

"你呢？"我问佩特蕾。

"我们试过所有办法，看书、咨询，但通通都没有用。"

通常，当人们说他们已经做过各种尝试时，我并不相信他们。因为问题往往不是出在方法上，而在于他们无法持续运用方法。一般而言，人们所说的“试过所有方式”，只不过表示他们试过几个星期，然后就放弃了。

事实上，如果你真的“试过所有方式”，那你应该已经找出可行的办法。更何况，孩子没有那么复杂，即便是最复杂的，亦能找出可行方法。于是，我问他们：“你们上次见过的医生是谁？”

他们刚说出那个人的名字，我马上就知道他是谁了。那人我认识，是一位对孩子问题有着多年丰富经验、非常棒的医生。

“那么，他让你们怎么做呢？”

佩特蕾告诉我，那位医生要求他们建立一套奖惩系统。根据他们叙述，我发现奖惩系统中的具体内容和步骤全都是些相当合理且实用的方式。那么，为什么这些方法还是不管用呢？归根结底在于，当他们第一个晚上尝试这些方法失败后，他们就让孩子睡到他们的床上，之后再也没有运用过这些方法，也再没去见过那位医生。

听完他们的详细描述后，我对他们说：“那么你们希望我怎么做？”

“我们想要一些帮助，一些让他入睡的技巧。”佩特蕾说。

“可是，你们已经有了这些方法。你们之前见过的那位医生在这方面相当有经验，他给出的建议和方法都会奏效。现在的问题是，你们并没有按照他所说的去做。我现在也可以马上告诉你们一些有用的办法，但是从过去的情况来看，你们不会照做并持续下去，6个月后你们会坐在别人的办公室里，告诉对方我也没能帮上忙。”

其实我并不想表现得没有礼貌，但是一想出好不容易提出解决问题的建议和方法，最终却像其他建议一样被丢在一边，白白浪费彼此的时间和精力，我就忍不住直话直说。

“这次，我们是真的想让事情能有所进展。”西蒙说。

“你现在会这么说，”我说，“但是今天晚上，当乔丹因为你睡回自己床上而感到沮丧生气时，你会不认输吗？”

西蒙仿佛要跳着起来，急着回答说：“我们真的必须解决这个问题，乔丹已经慢慢长大了，事情也会变得越来越可笑了。”

“嗯，”我说，“这真的是很可笑，孩子8岁了，早就应该睡在自己的床上了。如果你不阻止他偷走你的床，那么接下来被偷走的就是你的车、你的存款和你的理智。”

西蒙点点头，勉强微笑着。佩特蕾看起来则多了一些犹豫，比较起来，她是整个环节里最薄弱的一环。

“如果你任他偷走你们的床，”我对她说，“那么接下来他可能就会开始暴力或破坏行为了，所以你现在就必须认清事情的严重性。”

“我明白。”她回应道，“但他就是不愿意听。”

正是这句话道出了他们现在最大的问题是消极的教养方式。

我转向乔丹，用坚定但很礼貌的语气对他说：“小伙子，站起来。”

大多数孩子都习惯去做别人告诉他们的事情，乔丹也是。

“现在，换你站起来。”我对佩特蕾说。

为避免让她觉得自己像是进行表演的海豹，我也站了起来。

虽然看起来有点犹疑不定，但佩特蕾还是照做了。

“很好。现在，”我边看着她，边指着乔丹说，“请把乔丹抱起来。”

佩特蕾笑了起来，皱起眉头，似乎不知道我是不是认真的。

“你是说真的要把他抱起来吗？”

“当然是真的。”

“为什么？”

我耸耸肩，回答说：“你就听我的，把他抱起来吧。”

皱着眉头，她走向乔丹，轻松地把他抱了起来。

乔丹“咯咯”地傻笑着，身体扭动了一下。

佩特蕾把他放了下来，然后看着我。

“你懂了吗？”我问她。

她皱了一会眉头，然后微笑着说：“嗯，懂了，但是……”

她还想继续说，但我打断了她：“如果你说‘对，但是’，你尽管说，但这对你一点帮助也没有。来我这里以前，你已经说过太多次这样的话，现在不应该再出现了。”

她张开嘴，好像要说什么，但很快将嘴合上，然后点点头。

“好了。”我一边说着，一边示意他们坐下。“让我们来讨论一下这个‘偷床贼’的问题，好吗？”

她再次点头，回答说：“好的。”

问题在哪里？

无可置疑，乔丹是个偷床贼。但他之所以会如此，他的父母是幕后推手。假如他的父母不把大门敞开，并在前院草皮上树起一块上面写有“嘿，小偷，进来拿走我们的物品吧，我们不会有所埋怨”这样话语的抢眼招牌，他就不会成为偷床贼。

记住，所有孩子都需要设限。**如果你不设下限制，孩子就会不断往前冲，直到撞伤为止。因为孩子的基本原则，就是随时往前冲，直到抵达限制**。有些孩子只需知道有所限制，有些孩子则需要迎头撞上才会回头，但所有孩子都需要设限。

乔丹的父母就是不断地将设下的限制往后方移动，所以才被乔丹占据了自己的床。如果偶尔因为噩梦、暴风雨等此类原因，让孩子跳上你的床，自然无可挑剔；但是如果孩子把东西都搬进你的房间并长期占据时，问题就严重了，而你也要开始为他设限了。西蒙和佩特蕾虽然设限了，却因为孩子的固执而最终一步一步屈服，让事情陷入了疯狂局面。他们是消极型父母，对孩子的态度需要变得强硬些。

不要“奖励”孩子的坏行为

当孩子渐渐长大后，睡眠问题就不再像小时候一样掺杂着很多稀奇古怪的想法，而多半变得与服从有关了。幼儿想要下床来，是因为他们掉了汤匙、椅子很吓人，或者是想和泰迪玩具熊玩耍；儿童下床来，则通常是因为他们只想这么做，没有什么理由。

如同之前的例子一样，一切都与固定作息、技巧以及设限有关。儿童的睡眠问题，更大程度上与“谁做主”有关。所以，当为儿童订下计划时，你更需要利用基本的行为管理工具。

关于这一点，我在后面章节中将会谈到。现在，先让我们来分析一下乔丹的睡眠问题。

简单地说,乔丹之所以会成为“偷床贼”,是因为他从中获得 3 种“奖励”:

第一，可以获得极大的心理满足感，因为战胜了父母；

第二，可以晚睡；

第三，可以吸引父母大量的注意力。

因此，当务之急是为他设下限制，并让他获得一些对他来说“有意义的奖励”。

讲条件，迫使他睡在自己床上

“乔丹，你最喜欢的东西是什么？”我问。

由于并不知道这是我设的陷阱，他直接告诉我：“足球。”

“足球是你最喜欢的东西啊？”

他点了点头，回答说：“嗯，足球真的很好玩。”

从他闪亮的眼神里，我可以看出来他对足球的狂热喜爱。

“好的，”我转向西蒙和佩特蕾，问，“你们希望他什么时候开始在自己的床上睡觉？”

我提问的语气是如此的自信和轻松，仿佛轻而易举解决这件事情只需一个晚上一样。之所以用这样的语气，有两个主要原因：首先，需要给父母和孩子灌注信心；其次，解决这个问题真的很容易。

夫妻俩相互看了一眼，佩特蕾有点犹豫着说："越快越好。"

"今晚如何？"

她微笑着，但有些怀疑地问道："这可能吗？"

我没有回答她，而是转向乔丹："能再告诉我一次，你有多喜欢足球吗？"

这一次，他有一点不确定。很显然，这个非常聪明的孩子早他父母一步掉入了我的陷阱。"嗯……很喜欢。"

我笑了笑，紧接着对他说："乔丹，你真是个聪明的孩子。你觉得接下来，我会告诉你爸爸妈妈该怎么做？"

他皱了皱眉头，然后给了我一个矛盾的表情。因为一方面，他为自己猜中接下来的事情感到非常高兴，但另一方面又坚决反对这件事。"如果不待在自己床上，我就不能玩足球？"

我笑出声来，回应说："嗯，答对了！"

听完我和乔丹的对话，西蒙和佩特蕾互相交换了一个眼神。那是我曾经见过无数次的熟悉眼神，也是意味着"我们不能对他做出这么残忍的事"的眼神。

"不要再这样了。"我对他们说。

"什么？"西蒙问。

"给彼此传递眼神，表示我们不能对他做出这么残忍的事。"

"这样做的确有点困难。"西蒙说。

我耸了耸肩，说："你的床被一个8岁大的孩子偷走了，这件事不是更残忍吗？如果想把床要回来，你的态度是不是该强硬一点？"

"但是他非常喜欢足球，"佩特蕾说，"我不确定我们可以这样剥夺他玩球的权利。"听她这么一说，乔丹脸上的表情似乎一下变得轻松多了，甚至开始带点自信。

“在剥夺你们一夜好眠的权利时，他可没有像你们这么犹豫不决。”我提示说。身为父母，我们有时都过于软弱。因为爱既让我们不安，也让我们疲惫。

“那你是说，如果他不乖乖待在床上，我们就一定不能让他玩足球？”

我点了头，“没错。”

她皱起眉头，有些担心地说：“但假如他真的由于不想待在床上而再也不玩足球了，该怎么办？”

我冷静地耸耸肩，说：“那更好，你还可以省下一笔钱。”

刚说完，一旁的乔丹一脸委屈，马上表示反抗：“我才不要错过任何一场足球比赛”。

“那么，我想你今晚最好乖乖待在自己的床上。”我说。

西蒙认真思考着，他更受不了乔丹抢他的床。

“你说得对，”他终于开口，“我们一直以来都太温和了。”

佩特蕾看着他，一脸惊讶，“你觉得我们应该这么做吗？”

他点点头，“对，我觉得应该这么做。这太荒谬了，既然乔丹在别人家过夜时可以好好地睡在床上，为什么在家里就不行呢？如果我们现在不解决这个问题，将来会变成什么样子？”

话音刚落，乔丹的屈辱一下升级，眼眶里开始泛着眼泪。他用惊恐的语气抗议道：“可是你不能阻止我去玩足球。”

“如果你不好好睡觉，你爸爸妈妈会这么做的。”我回应。

这时，西蒙也转向乔丹，说：“是的，我们不是要阻止你玩足球，但是如果你不好好待在自己床上，我们就会这么做。”

“但是……”乔丹开始说。

“不，乔丹，”终于进入状态的佩特蕾打断他的话，“你爸爸说得对，一直以来我们对你都太温和了。这一点需要有所改变，否则你只会变本加厉。晚上你必须待在自己的床上。”

“但是……”

“那么，我们应该怎么进行？”西蒙直接打断乔丹的话，开始询问我。这下，可怜的乔丹完全陷入了绝望的深渊。

其实，要做好真的很简单。他们所需要做的就是，每晚都坚持固定睡前作息：晚餐、洗澡、一点自由活动时间、床边的故事时间，然后要求乔丹 8 点钟上床睡觉。

如果他不是在失火或者经证实的确是吸血鬼来袭期间离开自己的房间，那么他就会丧失周末玩足球的权利；但如果他乖乖待在床上的话，不仅不会丧失玩足球的机会，还可以每晚获得和爸爸一起在地下室练习 20 分钟足球的奖励。

一个星期后，我打电话给西蒙和佩特蕾。

“情况怎么样？”我问佩特蕾。

“真令人难以置信，他每晚的表现都很好。”

我微笑着说：“做得好。”

“第一个晚上，中间有个小插曲，他站在门边争辩了一会。”

“那你们怎么做？”我问她。

“我们就按照你说的，态度强硬，告诉他如果把脚踏出门外就不能玩足球，而且我们是认真的。”

“那他怎么做？”

“他继续辩解了差不多 20 分钟，但我们没有理会，然后他就去睡觉了。有几次，他醒过来，走下床抱怨，但每次时间都在缩短。当 9：30 我们上楼去看他的时候，他已经睡着了。”

“太好了，”我说，“你们做到了。你们的反应是正确的，这也是你们成功的原因。现在，你们觉得好多了吗？”

电话那头，西蒙和佩特蕾抢着回答说：“好上 100 倍。夜晚我们不再充满压力，而是变得充满乐趣了。”

孩子不肯独自睡觉，怎么办？

1. 关系决定一切：固定作息、固定作息、固定作息。
2. 就像对付幼儿一样，要摆脱所有与睡眠背道而驰的事物（像是果汁、电视、灯光、计算机游戏等）。
3. 当他们躺在床上时，告诉他们现在是睡觉时间。只要到了睡觉时间，一切就都没有商量的余地。
4. 如果他们下床来，告诉他们可能会产生后果……通常，这些后果意味着他们将失去某些他们非常喜爱的事物。
5. 如果他们坚持要下床，温和、坚定地带他们回房，然后再次离开。
6. 在孩子明确得知他们必须要待在床上以前，只要有必要，就继续这样做下去（做好准备，你可能要起身至少 1 000 次）。
7. 如果他们半夜跑到你的床上，也用同样的方式处理。
8. 每一次成功，都用特别的事物奖励他们。

轻松搞定挑食的小孩

挑食是所有教养问题中最不难解决的问题，因为它通常都会自动解决：口渴的马儿会喝水，饥饿的孩子会进食。

当妈妈放下焦虑，孩子就会乖乖吃饭。

减少可供选择的菜式，让孩子无“食”可“挑”。

拒绝吃任何蔬菜

你信不信？1972年，因一架行驶中的飞机失事，一群橄榄球员坠落在安第斯山脉中。在那里，他们待上了很长一段时间。由于周围什么都没有，只有雪和队友，所以当随身携带的巧克力棒全都吃完了以后，他们开始吃雪。但是不久后，他们发现人不可能靠吃雪维持生命，最后他们竟然连死人也吃了。

一条简单的真理：人饿了连人都吃。事实上，如果真的走到那步田地，人会彼此蚕食。而这也是你在解决孩子的任何饮食问题时，唯一需要知道的事。

家族成员	帕迪（33岁）、卡伦（33岁），小婴儿史蒂文（18个月）
问　　题	史蒂芬是个非常挑食的小婴儿，甚至到了不肯吃任何蔬菜和水果的程度。他唯一喜欢的食物是牛奶，以至于每次他所喝牛奶的分量都要以升来计算。
备　　注	史蒂文似乎喝牛奶上瘾了。

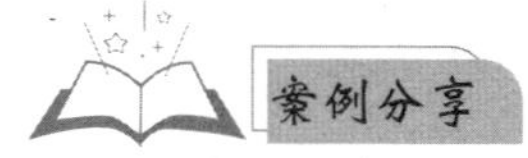

他不吃青菜，爱喝牛奶

我一眼就能看出，卡伦是个好妈妈，帕迪则是标准的新手爸爸。他们推着婴儿车，走进我的办公室。车上，史蒂文正在喝牛奶。其实从大老远分辨出新手父母是一件非常容易的事情，因为他们总是会随身带着鼓鼓囊囊的背包。

“你的孩子有点挑食，是吗？”我问。

卡伦翻了翻白眼，说：“何止有点，是太挑了。”

“除了这一点，他还有其他什么问题吗？”我说。

“除了挑食外，没有其他问题。他脾气好，睡觉时不吵闹，会做其他同龄孩子不会做的事情。”卡伦答道。

“那挑食具体表现在？”我问。

“不吃青菜。”卡伦说。

“那他吃些什么？”我问。

“他就像患有牛奶瘾，每天早餐之前、早上、下午茶时间和晚餐前都必须喝上一瓶。仿佛喝温热牛奶就是享受皇室待遇一样，如果不先喝上一瓶，他就拒绝吃饭。”卡伦说。

看来史蒂文的饮食习惯虽说是不太好，但不是特别严重。他并不是完全不愿意吃东西，只是摄入量不多。他不吃任何蔬菜，偶尔会吃点香蕉，但前提是香蕉被切成一小块一小块的。

“每次用餐结束，我都累得半死。”卡伦说：“我辛辛苦苦做了一大堆食物给他，但他咬了一小口后就不愿意再吃，结果全部浪费掉了。”

我边听着卡伦的回答，边注意一旁的帕迪。刚开始他还蛮健谈的，但是当我们开始讨论饮食问题后，他就变得非常沉默。看来，这个问题还不是很让他头痛。

“帕迪，你怎么看？”我问。

他耸耸肩，回答说：“他是个难以取悦的小家伙，但看起来还算健康。”

我看见史蒂芬正开心地玩着积木，似乎一切都跟他无关。

“那么，你们今天来见我的目的是？”我问。

“我们希望能掌握一些方法，让他正常进食。”卡伦说：“我真的希望能让他多吃一点青菜和水果。”

“哦，”我说，“那我现在就教你们做，怎么样？”

“好的。”她回答道。

我深呼吸了一下，然后开始我处理孩子饮食问题的标准程序。“1972 年，因飞机失事，一群橄榄球队员坠落在安第斯山脉中……”

当我讲到山里求生和吃人的部分时，卡伦的脸色变得苍白，而帕迪则在微笑。

“显然，”我冷淡地说，“腐烂发臭的脑吃起来像奶酪一样。”

卡伦的脸抽动了一下。帕迪则大笑了起来。

问题在哪里?

卡伦和帕迪掉进了最古老的陷阱之一，即被孩子饮食问题所引发的焦虑控制住了。他们非常担心史蒂文吃得不够，所以把自己变成了快餐厨师，总是在尝试着作出上百种不同的食物让他选择。但他们并不知道，虽然史蒂文还只是个小不点，但是已经意识到，食物是他控制父母的方法之一。

别轻信食品广告

当人们尝试着把东西卖给我们时，他们总把交易建立在我们的恐惧上。必要时候，他们甚至会把我们描述成一只一天要喝 70 升的水、要吃高纤维、低脂、高钙、无盐类食物和低碳水化合物的动物——狐蝠。

就我们对上述食物和食物说明往往敬而远之或不以为然，因为知道这些东西会置我们于死地。但当它关涉到孩子时，问题就变得严重了。因为孩子正处于身体和智力发展成长期，如果不摄取一些经过科学认证的营养食品，他们就会变得又笨又丑。长此以往，孩子的潜力就无法正常发挥以致无所成就，从而产生自卑感。但要挑选合适的食物，实在困难。如果尽信食品包装上的说明，那你一定得疯掉。因为在它看来，我们不仅得摄入氨基酸，而且还得用它来洗头发。而那些非基因改造的有机食品，其实也不一定有益。

就个人而言，我喜欢有机食品。这并不是因为我是个嬉皮士，也不是因为我认为基因改造食品会伤害我，而是天然的食物味道比较好，而且通常也比较有营养。

广告商经常会说："如果你不介意让孩子变得又丑又笨，那就喂他那些过时的垃圾吧；但是如果你希望孩子长得又漂亮又聪明，那就给他吃我们手头经过科学认证的产品。"但其实他们所谓的"科学认证"，大多只是夸大其辞。之所以如此，是因为他们在玩弄我们的恐惧和痛苦，并以人类心智中最不稳定和最敏感不安的部分为诉求点以赚取利益。

而父母之所以关心饮食问题，是因为他们一直处在担心孩子营养不良的不必要的恐惧和自责中。当提及为孩子建立健康的饮食习惯时，这种焦虑感总提示出父母的失败。不过，在进一步探讨这个问题之前，让我们先针对"母乳纳粹"做个简短的讨论。因为它通常是哺育母性焦虑的源头。

都是"母乳纳粹"观念惹的祸

在撰写类似这样的书籍时，我多少都要谈论一下"母乳纳粹"。在妻子刚怀第一胎时，我们参加了生产前的相关课程。像其他新手父母一样，当时我们非常焦虑不安，所以参加课程似乎是个合理的选择。那些课程中有些内容的确很有意思，有些则很无聊，而且每件事情都要重复8次，因此对我来说实在是一种煎熬。

事实上，课程中真正引起我兴趣的只有两部分内容：第一，关于生产过程中的产痛管理，如说明无痛分娩是懦弱的行为，而一个好妈妈应该要选择自然生产之类的；第二，关于母乳喂养。针对后者，他们作了许多细节的讨论，但对奶瓶哺乳却只字未提。当我提出这样的疑问时，他们告诉我这不在他们讨论的范围，因为他们主张母乳喂养。所以虽然一旁的桌子上摆有一些关于奶瓶哺乳的小册子，但他们却不作讨论，这也是联合国组织、世界卫生组织，或者其他相关组织的意思。

这是不是很有趣呢？联合国组织无法阻止巴尔干半岛上的战争，却可以阻止人们讨论奶瓶哺乳。这件事或许真的和世界卫生组织有关，又或者不过是“母乳纳粹”的托辞而已。

请不要误会我的意思。对婴儿来说，母乳喂养无疑是最好方式和最佳选择。因为首先，母乳里的化学成分，能够随着孩子的需要而调整和改变；其次，母乳中有大量的营养，这是无法从配方牛奶里获得的。

但选择最佳方式是一回事，讨论奶瓶哺乳又是另一回事，为什么完全禁止讨论奶瓶哺乳呢？关于这一点，我觉得多少都有点“母乳纳粹”的意味。怀孕与生产的领域里充斥着政治观念，其中“母乳纳粹”最为严重。主张母乳喂养自然无可厚非，但如果以此为由而不解释用奶瓶哺乳的方式，未免有点站不住脚。

现实中，有些母亲因为无法喂养母乳而受挫，有些母亲则担心给孩子喝配方牛奶将会对他们造成某方面的伤害。通常，这些焦虑会不断出现在喂养过程中，引发各式各样的饮食问题。但事实上，没有哪个婴儿因为奶瓶哺乳而死亡。我的姐夫从小到大都没喝过母乳，但他现在同样非常健康。

我最受不了那些总是让父母感到愧疚的人，无论他们是有意或无意为之。假如无论如何都无法以母乳喂养，那我们就应该想想怎么才是对孩子和母亲最好的办法，而不是让她们为此深感愧疚。因为这样对谁都没有好处。这也告诉我们，每个人对于饮食问题的态度都应该放轻松点。关于这点，有谁会比爸爸的态度来得更为轻松？

不妨像爸爸们那样放松心态

虽然爸爸们在某些方面缺乏天分（比方说，他们总是无法帮孩子穿上搭配得宜的服装、无法记起孩子今天是着日常便服还是身着新衣服，不知道如何帮孩子梳头发等），但在某些方面却做得不错。

至少在孩子小的时候，爸爸们对于教养孩子一事还是感觉比较放松的。因为他们白天大多数时候都在外工作，直到妈妈们受了一整天气后才下班回家，所以不用受妈妈们那么多罪。而且，即便哪里出了差错，大多数人都只会责怪孩子的妈妈。

通常,对于饮食这件事,爸爸们不是特别在意。如果让爸爸们负责早餐，那就很可能看不到任何准备工作，也不会有热乎乎的、新鲜的早餐，取而代之的是不少直接从橱柜里拿出来的，诸如谷物条、葡萄干或者袋装零食之类的加工品。

如果幸运的话，孩子还能用早餐盘就餐。但大多数时间里，除了对掉在桌上的食物屑随便地警告一下以外，爸爸们都不会在乎孩子怎么用餐。但令人惊讶的是，即便如此，大部分孩子还是能够生存下来，而不会因此得坏血病或者少只眼睛。在饮食方面，爸爸们还有一件做得不错的事就是，不会因为孩子吃得不多而过于担心。

“听着，”妈妈带着焦虑的声音说，“他什么都还没吃。”

爸爸往盘子看了一眼，试着说些什么，但发现事情没什么大不了，于是只好耸耸肩说：“没事的，不用担心。”

妈妈瞧了爸爸一眼，发现他此时的眼神跟他帮孩子穿上色彩和样式完全不搭的服装时的眼神一模一样，不由得白了他一眼。

爸爸马上意识到自己的回答让妈妈不快，于是建议孩子吃根香蕉。

“这就是你对这一切的回答吗？”妈妈生气地说：“吃根香蕉试试？”

他再次耸耸肩（每次尽力避免却还是陷入麻烦时，就会作出这种丧失立场的动作），接着建议道：“不然试试苹果，如何？”

听完这话，妈妈简直要气疯了。因为她担心的是孩子会不会因饮食不够而缺乏维生素和营养，或者得坏血病或其他疾病。

但爸爸们并不这么想。他的思维总是顺着合理的逻辑方向前进。在他们看来，既然大多数身处不发达国家的孩子不会饿死，而且新闻上也不常有郊区或附近地区的孩子饿死的消息，那么自己的孩子也就不会因为饮食不够而发生什么大事。

不知道自觉还是不自觉，爸爸们的逻辑就是孩子饿了就会吃。爸爸们认为，不吃晚餐并不代表就一定会发生什么不好的事。当然，因为这样的思维，爸爸们通常会做一些傻事。他们会在晚餐前给孩子含糖分的食物充饥，让他们先吃点心而不知道这样会让他们变得更调皮捣蛋。所以，不要误会我的意思。我并非让父母都像爸爸们一样对待孩子，而是说对待饮食问题时，不妨看轻松点。

让孩子乖乖吃饭的 3 大黄金定律

如果你想要解决孩子关于饮食方面的问题，只要记住以下 3 条黄金定律：

- 饿了，就会吃。
- 20 次难吃换 1 次好吃。
- 教导孩子倾听他们的胃，而不是看着餐盘。

饿了，就会吃

挑食或营养太好的孩子不吃东西，这是一条不变的真理。所幸，饿了，孩子就会吃也是真理。一旦身体消耗掉所有的能量，我们的胃就会传送信息到大脑。这些信息一开始只是礼貌的建议，但很快就会变成迫切的需求，紧接着就是尖锐的请求，直到最后变成大声的喧哗与吵闹。

让挑食的孩子吃下东西的唯一办法，就是饥饿。这个办法很棒，因为你只需等待，就可以让他们感到饥饿，并且可以解决孩子98%的饮食问题。

或许你可以把一匹马拉到水槽前，但你却不能逼它喝水。但所有的马最终都会喝水，因为它总有口渴的时候。同理，孩子总有饿了想吃东西的时候。所以你需要记住的是，**口渴的马会喝水，饥饿的孩子会进食。**

20次难吃换1次好吃

如果你想让孩子说："花椰菜很好吃"，那么你就必须做好迎接20次"花椰菜很难吃"的心理准备。这不是空谈，而是科学家在研究孩子行为以后得出的事实。通常而言，在孩子愿意试吃某种新食品之前，你得先将这个东西呈现在他们面前约17～20次才行。

20次的难吃换来1次好吃。

因此，**对付孩子饮食问题的原则，就是不但要多样化，而且必须是非强制性的**。如果你想让孩子尝试新事物，就必须做好等待的准备。虽然经常看到非洲孩子挨饿的画面，但即便充满负罪感，你也还是必须做好浪费掉一些食物的心理准备。如果这让你感到非常愧疚，那就打个电话到世界展望会去赞助一个孩子吧。无论如何，在相当长一段时期内，你都应该做好丢弃食物的准备。

说来奇怪，在不同时候，非强制性将新食物呈现在孩子面前，到他们愿意试吃时的展示次数通常是20次左右。

不强迫孩子吃东西，这一点非常重要。因为你越是逼他们，他们就越会反抗，所以最好的方法就是试着让他们吃。如果你把"20次难吃"的定律完全抛到一边而强迫他们吃，那么你需要展示这个新菜色的次数将会大大增加。

一般而言，父母都不会强迫孩子吃东西，这其中有许多原因，我将在下一个主题中再深入说明。这里只想简单地说，强迫孩子吃东西这个办法不可行。如果你想要孩子讨厌胡萝卜，那就在他尖声抗议的同时，把它们强塞进他的嘴里吧。

教导孩子倾听他们的胃，而不是看着餐盘

如果你问体型肥胖的人，他们什么时候停下来不吃，他们很可能会说“当盘子空了的时候”；如果你问身材纤细的人同样的问题，他们可能会说“当感觉胃饱了的时候”。

体型肥胖的人，几乎不会让盘子里剩下任何东西；而体型苗条的人则通常相反。两者之间的差异，通常在于是否听从身体传达的信息。有些人看到食物就想吃，而有些人则会因为不饿而不吃。

孩子体型过胖是种持续蔓延的流行病，而这一代孩子也可能会是第一代比父母早逝的群体。之所以如此，有许多原因：经常固定坐着的生活习惯、高热量食物、不愿亲自下厨的懒惰父母以及随手可得的加工食品。

为什么我们得癌症、糖尿病和心脏疾病的机率会增加？不只因为我们吃得过多，还在于吃进过多垃圾食物。因此，教导孩子适当进食十分重要。我所说的“适当进食”不是指正确使用刀叉且不乱吐食物，而是指选择适当的食物和分量。有关孩子需要的食物类型，很多书都有探讨，所以我在此就不再赘述了。

保持适当的食物分量是件很简单的事，自出生起，我们身上便有一套优良系统，会限制我们的进食量，以便获得身体所需分量。然而，年龄和经验也可以把一切搞砸。如果在一个派对中，你仔细观察孩子，你就会注意到一些有趣的事情。年纪较小的孩子所吃的糖类垃圾，比大一点的孩子少。年龄较小的孩子，在身体告诉他饱了的时候，就会停下来不再继续吃；但年龄大一点的孩子则吃得更多，因为他们已经学会忽略身体传达的信息，而只专注在眼前的事物上。同理，孩子在看电视的时候会吃得比较多，因为他们的注意力在外在事物上，而不是身体的内在信息上。

通过以上分析，我们得出结论：强迫孩子把盘子中的食物吃完，绝对是个错误。你可以告诉孩子“你不必全部吃完，只要吃饱了就行”，但也应该让他们知道，到下一次用餐之前都不会有其他东西可供食用，所以他

们最好吃饱。如果强迫孩子吃光所有食物，那么你就是在将他们推到未来的体重陷阱里。

在我家，我两个儿子总是自己决定用餐时间及结束时间。这并不是说，在用餐中途他们可以随时跑去玩，而是意味着，在开始吵闹和制造混乱之前，他们必须先等大家都用餐完毕。用餐时间也是家庭时间，不是迅速解决的快餐时间，而是一天之中非常重要的时段。在孩子离开之前，我们对他们的唯一要求就是把牛奶喝完。只有喝光它，孩子才可以下桌去玩。

对孩子的妈妈来说，有时现实未免令她难以接受。因为就像得了厌食症的鹦鹉一样，小儿子有时只在食物的边缘咬一小口就说吃饱了。

对此，身为父亲的我采取的对策就是让他在下一次用餐前感到更饿。因为饿了，孩子就会吃。

孩子可能会经历几乎什么都不吃的阶段，也会出现大吃特吃的时候。他们既应该掌握“肚子饿了就要吃”这条真理，也应熟识吃饱后就要停止的道理。

减少菜式，用餐可以很快乐

让我们回到不肯吃青菜的史蒂文身上，并把关注点集中在帮他解除牛奶瘾的行为上来。因为史蒂文总是在餐前喝上一瓶牛奶，直到腹饱，因此他自然不愿意尝试其他食物。

“但是如果不给他牛奶喝，他会非常生气并感到沮丧。”卡伦说。

我点头表示同意："他绝对会。"

看起来，卡伦像是在等我继续说点什么，但我只是耸耸肩。

"哦，请告诉我该怎么办吧！"她恳求道。

"要解决问题，流泪自然不可避免。"我说："但无论怎样，还是要认真地执行。"

卡伦和帕迪相互看着对方。

"从现在开始，不要再提供各式各样的选择，只做一两个普通菜式，如果不满意，他可以选择不吃。"我说："我知道这或许有点残忍，但你要坚信一个事实，那就是饿了，孩子就会吃。史蒂文也是如此，因此你不必过于担心，只需等待他饥饿时刻的来临。"

"但是如果他几天都不吃东西呢？"卡伦颇有些担忧地问道，仿佛这是问题的引爆点。

"嗯，首先，这种情况不可能会发生；再次，你可以尝试做些变化。比如说，你可以先从他可能会喜欢的食物做起，然后再慢慢配上一些新的食物。"我说："你还记得，在孩子愿意尝试之前，你必须要做上几次新的菜色吗？"

"差不多 20 次。"帕迪说。

"嗯，20 次。对此，你必须做好心理准备。有可能你给他做了不下 20 次红萝卜，他却连看都不看一眼。但无论如何，你都不要强迫他，只要把它们端上桌，然后让孩子的好奇心起作用就好。能做到吗？"

夫妻俩都尽职地点点头。

"嗯，很好。接下来，我再给你们提一点要求，那就是跟他玩一点带有策略性的游戏，比方说把蔬菜水果当做有趣的玩具一样介绍给他。"

卡伦疑惑地看着我，说道："你是指……"

“我的意思是说，你们可以跟他一起把香蕉捏挤在手指间、把几个橘子丢在地上打滚、藏在莴苣叶后面，并利用整颗花椰菜跟他玩遮脸露脸的游戏。”

夫妻俩微笑着，马上明白了我的意思。

“你是说，我们要让他觉得蔬菜水果是好玩、有趣的东西。”帕迪说。

“没错。有时还要给他讲些有关食物的故事或者陪他一起阅读相关书籍。次数不用太频繁，只要不时掺杂在你们平常做的事情里就好。”

“嗯，总而言之，”卡伦说，“少给他一些选择，餐前不许喝牛奶，还有，要尽量让食物更有趣。”

我点了点头，回答说：“没错。”

“这看来相当简单。”她说。

“没错。”

当他们起身离开的时候，我递给卡伦一个信封，并告诉她：“碰到紧急情况，可以打开来看。”

“这是什么？”她好奇地问道。

“当你第一次因为他不肯吃任何东西而担心时，你所应该遵守的指示。如果遇到问题，随时打电话给我。”

一个月之后，由于没有收到他们任何消息，我打电话给卡伦，想了解一下事情的进展。

“喔，”当听出我的声音时，她反应道，“是你。”听起来，事情进展似乎不顺利。

“一切都还好吗？”我问。

“简直就是一场噩梦，”她说，“第一个晚上，因为没有喝到牛奶，他尖叫了差不多20分钟，而且什么东西都不吃。当时我真的不知道该怎么安抚他，手足无措。”

“是吗？”

“喔，没错，”她说，“又哭又叫，像个爱尔兰的女妖精一样。”

“那你怎么做？”

“我真是笨死了，竟然照着你的话去做。”

“你不理会，继续坚持，没有让步吗？”

“没错。”

“那很好，”我试着用开心点的语调说话，“然后呢……”

“从那以后，孩子闹腾成了家常便饭。如果你听到他发牢骚，会以为出了什么大事。现在只要我们一坐下来，他就准备爆发。”

“那蔬菜水果那一部分呢？”

“他几乎把每样东西都丢到地上。”

“我明白了，”从她的语调中，我知道她已经彻底放弃了我教她的方法，回到原来的老路上去了。现在，她大有可能会告诉别人，我对她的问题一点忙也帮不上。“那么你看我们要不要再约个时间，一起想想怎么解决这个问题？”

“哦，不用了。”

“好……吧……，那从现在开始你打算怎么做？”

她笑了笑，语气明显缓和下来。“我们今天试了红萝卜。”

我笑了笑，说道：“那很棒啊。”

“不只如此，我们发现他原来也喜欢吃香蕉和葡萄。”

“你是在开玩笑吗？”

“不，我们没有让步，只是有一阵子真是糟糕透了，但是慢慢地他就愿意吃东西了。”

“太棒了，你觉得是什么改变了一切？”

“我想有两个原因：首先，我们坚持立场，不再给他18种选择，选择太多适得其反；其次，把食物当做玩具也很有用。到目前为止，我们用手捏挤的香蕉，还是比我们吃进去的多多了。”

我幽默地回应：“如果30岁了他还这样，记得打电话给我。”

“嗯，好的。”卡伦回答我说。

在此，向你揭露一个小谜底：其实在给卡伦的信封里，我放的是一张纸条，上面写着：饿了，孩子就会吃。

孩子挑食怎么办？

1. 记住 3 条黄金定律：

   饿了，孩子就会吃。

   20 次难吃换 1 次好吃。

   教导孩子倾听他们的胃，而不是看着餐盘。

2. 不要给他们多重的餐点选择。
3. 不要在餐前给他们牛奶或者糖类点心。
4. 坚持不让步并耐心等待。
5. 享受饮食——让用餐变得有趣。

迷恋垃圾食品

家族成员	黛安娜（33 岁）、凯文（33 岁）、乔西（9 岁）、泰勒（7 岁）
问　　题	乔西和泰勒除了洋芋片和某种叫做“豆泥冰激凌”的东西外，拒绝其他任何食物。
备　　注	询问关于冰激凌的事。

妈妈竟然往冰激凌中掺入蔬菜?!

一听说只吃“豆泥冰激凌”的孩子，我就马上产生一种非得见上他们一面不可的好奇心。这种好奇心，只有在被满足以后才能罢休。如果没有见到这个孩子，那在进了棺材以后，我可能还在猜想到底什么是“豆泥冰激凌”。

“嗯，什么是豆泥冰激凌?”这显然会是我的第一个问题，但是却不是个好主意。

两个孩子皱着眉头，看着妈妈黛安娜。黛安娜的脸上微微泛红，看起来有点不安。因为今天丈夫凯文工作无法抽身，所以没能参与。当然，我立即明白了什么是“豆泥冰激凌”。原来，它是黛安娜为了让孩子吃下青菜，而将豌豆泥放在冰激凌中的计谋。那一刻，我觉得自己就像坐在1976年的东德咖啡馆里，刚刚跟坐在旁边的人大声说着：“嗯，那你为美国中央情报局工作多久了”的人一样，揭穿了黛安娜唯一能让孩子吃下青菜的“诡计”。真是悲惨。

我刚刚揭穿了“诡计”，现在得想想能让孩子吃下青菜的其他办法了。

“豆泥冰激凌?”乔西看着黛安娜，问道：“那是什么?”

“这只是个玩笑，”我试着逆转情势，“什么是豆泥冰激凌?”

乔西满脸疑惑地看着我，答道：“我不知道，什么是豆泥冰激凌?”

我绞尽脑汁想找个双关语，最终让跑进脑海中的第一个词“绿色”脱口而出，然后装出一个全世界最具诚意的微笑。

空气中一片死寂，我甚至可以感到有一丝冷风吹过。

“一点也不好笑。”乔西冷冷地说。有些9岁孩子像14岁的青少年一样——聪明、口才好，话中带点不可一世的腔调，乔西也是。

我耸耸肩，说：“我知道，但我只是正在试验一些新的咨询方法而已。好吧，总而言之，你们在饮食方面有什么问题吗？”

“我们不喜欢吃东西。”她说。

“什么……任何东西？”

“我们喜欢洋芋片。”泰勒插话道。

“还有呢？”我问。

“还有冰激凌。”乔西边说边用怀疑的眼光看了黛安娜一眼。

黛安娜则扫了我一眼。

为了打破僵局，我问道：“孩子们只吃洋芋片和冰激凌？”

黛安娜点点头，答道：“是的。”

“只吃这些？”

“嗯，真的。”

我看着乔西，问道：“不吃生菜？花椰菜？红萝卜？豆子？也不吃那有个愚蠢的英文发音‘楚基妮’的美洲南瓜？想必你一定会吃南瓜吧？”

泰勒笑了，乔西则当做没听到，若有所思地用低沉的语调叫了一声黛安娜：“妈？”

“什么事，乔西？”

“我们为什么总是吃绿色的冰激凌？”

不好，这都是我惹的祸啊。

“那是柠檬口味。”黛安娜回答道。但除了泰勒，其他人都知道这个答案很可疑。

我知道从现在开始，这个“豆泥冰激凌”的办法将再无效用，这扇门被永远关上了。乔西再也不会吃绿色冰激凌了，她绝对会告诉泰勒也这么做。或许，也是放弃这种策略的时候了。因为无论你希望它能维持多久，将豆泥混在冰激凌里绝对不是长久之计。

每次当我无意间说出让人尴尬又沮丧的事情时，我总是会直接面对。因为我觉得它是最好的方法，能让全世界知道自己并不害怕。既然已经把事情搞砸了，为何不顺势而为呢？

“或许是因为你妈妈在里面放进了豆子，所以冰激凌才会是绿色的。”我说。

乔西看着黛安娜，一脸疑惑地问：“是真的吗？”

一旁的泰勒也是满脸疑问。

黛安娜看着我，我给了她一个眼神：我很抱歉揭穿了这件事，但或许我们应该诚实以对。

对此，她有所了解与认同，于是便这样回答说：“嗯，我必须让你们多少吃点青菜。”

“喔，恶心死了。”乔西生气地抱怨道：“我再也不要吃冰激凌了。”

见乔西这样反应，黛安娜非常紧张。我对她说：“这还算好的，你就等着看吧。”

话音刚落，坐在一旁的泰勒果然皱着眉头，问道：“你买了豌豆冰激凌？”

“不是，笨蛋，”乔西生气地抢着回答，“是她自己把豆子放进冰激凌里。”

泰勒的眉头锁得更紧了，不由得说道：“好恶心。”

此刻，我觉得最好的方式就是继续努力，于是便问乔西和泰勒说：“你们为什么不吃青菜呢？”

“它们看起来很恶心。”乔西说。

“它们是指哪些？”

“全部。”

“全部？你试过所有青菜，然后每一样都不喜欢？”

她皱皱鼻子，说：“我才不试。”

“你都没有试过，怎么知道它们很难吃？”

“看它们的样子，你就可以知道。鼻涕是绿色的，你会吃吗？”

“青蛙也是绿色的，但法国人吃了很多年了。”我说。

听完，泰勒笑了，说：“也许我们可以吃吃鼻涕冰激凌？”

“那你觉得那吃起来顺口吗？还是感觉到有颗粒在里面？”

他又笑了。

“好了，你们两个先到外面玩一会，让我和你们妈妈说几句话，好吗？”我说道，以期让刚刚的对话在愉快的气氛中结束。

“好。”说完，他们乖乖地走开。

“很抱歉，”我对黛安娜说，“我想豆泥冰激凌的方法现在不会再奏效了。”

“那接下来，我该怎么办才好呢？”她用有点沮丧的语调说：“那是我唯一能让他们吃下青菜的方法。只要长得像蔬菜的东西，他们都不愿意尝试。”

“他们吃水果吗？”

“偶尔会吃点苹果，但必须去皮去籽才吃。”

“嗯，”我说，“我理解你为什么会这么担心，但可以告诉我这一切是怎么开始的吗？”

原来，我之前提到的“母乳纳粹”多少得为这件事情负责。由于刚开始以母乳喂养乔西时不太顺利，导致她体重一直未能增加。

“曾经，我很害怕喂她。”她说：“当时我希望能喂她母乳，但是因为母乳不足，所以我一度很厌恶自己，觉得自己很没用。”

很显然，这件事导致黛安娜建立起某种焦虑模式，为喂养孩子持续烦恼。长久以往，她便一心只想尽可能地让孩子吃东西。于是，她力所能及地让乔西和泰勒有许多不同的餐点选择。

事情刚开始时还好，当乔西上学以后，一切就都失控了：餐点选择，样式品种完全由孩子一手掌控和决定，吃饭变成了五花八门的热闹场面。为扭转事态的发展，黛安娜只好1周3次、鬼鬼祟祟地将豆子磨成豆泥，然后放进冰激凌里，冒充“豆泥冰激凌”。

如果放纵孩子，他们会让你“发疯”。大半夜将豆泥加进冰激凌里，这种事情只有疯子才做得出来。大致清楚事情始末之后，我打破沉默说：“我们现在来解决这个问题，好吗？”

黛安娜点点头，表示同意。

我大口深呼吸，然后开始讲道：“1972 年，因飞机失事，一群橄榄球队员坠落到安第斯山脉里……”

问题在哪里？

你已经知道我要说什么了，不是吗？出于对喂养孩子的焦虑感，黛安娜向非理性的世界屈服妥协。她让出所有一切，只为了让孩子进食，结果孩子也做了一般孩子会做的事：开拓出属于他们自己的“疯狂领地”：洋芋片和冰激凌。你不能责备孩子，因为疯狂是他们的天职；你必须教导他们克制这些疯狂行为，或者至少假装像其他人一样理性，因为这是我们的责任。

乔西和泰勒说他们不喜欢吃青菜，但不足为信，因为他们从来没有真正尝试去吃青菜。青少年时期的我，一直以为自己痛恨大黄。好几年，我都坚信那不是我会吃的食物，所以总是礼貌地拒绝它。后来，我真正尝试过它的味道以后，居然喜欢上它了。虽然不记得当时为什么会那么做，或者是在哪里吃的，但是一定是试过，因为在我快 16 岁的时候，我发现自己居然喜欢吃大黄了。真是不可思议，我逃避这种食物好多年了，但是从那一刻起，只要有机会，我就会把它塞进嘴里。

其实，乔西和泰勒并不痛恨绿色食物，只是把大量的负面想法加之于它而已。而我们要做的，就是改变这一点。

饿了，挑食问题就会自行解决

养育孩子，会不可避免将许多事情变成压力：不好的行为可以是压力；缺乏睡眠可以是压力；开始上学也可以是种压力。但吃东西不必是种压力。

正如我之前所说，**孩子挑食是会自行解决的问题**。你唯一需要做的就是等待和忍受一些眼泪和抗议。只要一直坚持，问题最终就会解决。孩子们会抱怨，但是他们也会开始吃东西。不承受压力的最好办法，就是别这么做。

你必须牢牢记住：饿了，孩子就会吃。如果不相信我，你就去买本皮尔斯·保罗（Piers Paul）的《我们要活着回去》（*Alive*），阅读一下里面关于橄榄球球员困在安第斯山脉的故事。如果有什么可以更清楚地解释“人饿了连人也会吃”这一真理的话，这个故事就是最好的答案。

如果你不想因为孩子的饮食问题而承受任何压力，那就不要等待和忍耐。

另外一个思考方式是：如果你想要让孩子挨饿，每晚都不准他们吃你放在他们面前的鸡肉色拉（请注意我并不是主张你让孩子挨饿），你觉得在反抗你并开始大口大口地吃下鸡肉色拉之前，他们有可能会瘦到什么程度？在意识到反抗你并吃下鸡肉色拉这件事比死亡来得好之前，他们会坐在那里挨饿多久？如果你想阻止他们吃东西，你觉得自己能撑多久？

我敢打赌这一定不会太久。

扔掉垃圾食物，让蔬果走入孩子的生活

“好的，黛安娜，让我们来解决孩子们的问题，好吗？”我问。

她点点头，答道：“如果你觉得这可能的话。”

我笑了笑，反驳道：“没有什么不可能。”

“那我应该怎么做？”

“很简单，把家里的洋芋片都丢掉，而且保证至少一年内不再买进。”

黛安娜惊讶得下巴简直快掉了下来了，她说道：“你是在开玩笑吧！”

我一边摇头，一边指着我脸上的严肃表情，认真地反问道："不，你看，我的表情像是在开玩笑吗？"

"但是，那给他们吃什么呢？"

我耸耸肩，回答说："有两种可能：第一，他们什么也不吃；第二，他们吃掉你为他们准备的东西。在我看来，发生第二种情况的可能性更大些。"

"以前我也试过这方法，但从来没有成功过。"

"我知道，"我说，"这些你告诉过我，除了你把青菜放在桌上，当他们拒绝吃这些东西时，你就认输投降的这部分以外。"

"但是他们什么也不会吃，肯定不会吃。"

"如果你把洋芋片丢掉，持续一年只给他们吃营养食物，我可以向你保证，他们再也不会超过 24 个小时都不吃东西。"

"就直截了当地这样做吗？"

"无论你采用什么方式，但只要保证家里不再有洋芋片。"

黛安娜往椅背上靠了靠，担心地说："听起来，这似乎有点严厉。"

"我知道，"我缓和了一下语调，然后说，"但如果想让孩子养成健康的饮食习惯，你就必须剔除比较容易执行的选项。如果我让他们吃洋芋片，他们就永远都只会吃洋芋片。这样，其实你是在把他们往大肠癌、肥胖症和心脏病等相关疾病的高风险中推。如果他们想抽烟，你会让他们抽吗？"

"不，当然不会。"

"这不就得了，"我说，"不良的饮食习惯就是杀手。"

我并非吓唬她，这是真的。

她点点头，表示赞同："你说的没错，的确是如此。好，我会这么做，不会再做洋芋片。"

"很好，那我们现在一起来安排吧。"

之后，我们一起设计出了一套营养菜单，将平常孩子食用的、充满过多糖分的垃圾食物全部清除出去，用更健康的谷片、全麦吐司和柳橙汁替代。午餐问题比较容易解决，有三明治、墨西哥卷饼和不同的水果可供选择。但晚餐则是最大的挑战。

“重点在于改变他们对食物的认知。”我说：“你肯定也希望他们对绿色的食物有不同的感觉。”

“可是，我要怎么做？”黛安娜问道。

“现在正是体现你创造力的时候。”我说：“最容易的办法之一，就是让孩子参与准备晚餐的过程。把烹饪变成有趣的事：教他们怎么做色拉和简单的色拉酱，教他们如何腌鸡肉，如何选择特殊而有趣的食谱，如何把食物串在竹签上然后放在铁架上烤，或者如何在后院点起营火，像牛仔一样烹煮食物。”

黛安娜点点头，脸上露出一种妈妈策划“狡猾阴谋”时常有的神情，然后说道：“我懂了，也就是以食物为中心，做一些有趣的事情来吸引他们，而不是让他们皱起鼻子来，对吗？”

“没错。这样一来，当你不再给他们垃圾食物，而只给他们营养的食物时，他们最终就会认输，并且把食物吃进肚子里。但这还只是改变他们和食物关系的第一步，除此之外，你还需要在一起准备晚餐过程中，教导他们多多摄取更健康的食物。”

黛安娜对这些建议十分满意并同意这么做。黛安娜的确说到做到。当晚回到家后，她就在两个孩子的哭闹声中，扔掉了家中所有的洋芋片，并对含糖分较高的垃圾食物以及孩子们最爱吃的、油腻且没有营养的零食下达了禁令。

一开始，两个孩子都拒绝吃晚餐（意大利面），饿着肚子便上床睡觉。对此，黛安娜虽然十分担心，却还是坚持她的立场。

第二天早上，由于只有营养谷片、全麦吐司、柳橙汁，孩子们严正抗议。乔西非常不开心，泰勒则吃了一点吐司。晚上，事情也没什么进展，只是多了一些抗议和一点进食。

第一周结束时，事情有些好转。两个孩子都开始吃东西，虽然并不多。带着焦虑，黛安娜在第五天时带他们去看了医生，但结果显示孩子们一切正常。

第一个月快结束时，两个孩子的进食量明显增加。没有洋芋片和“豆泥冰激凌”，他们无法选择，只好跟着计划走。

最后，为了让孩子们尽可能接近食物，黛安娜跟他们一起做了许多极具创意的事情。每天晚上，她多多少少都会让孩子们帮忙准备晚餐。令人惊讶的是，乔西对烹饪产生了很大兴趣。

为此，黛安娜买了一些新的食谱，让孩子们轮流从中选择他们想吃的，并帮忙一起准备。此外，她还每周开展一次名为“世界上最奇怪的蔬菜”的竞赛活动，活动规定谁若是在超级市场中找到并吃下他们觉得最奇怪的蔬菜，就可以赢得两张电影票。刚开始，竞赛进展很慢，但后来就演变得越来越激烈。最后，当本地的超级市场中再也找不到奇怪的蔬菜之后，黛安娜不得不带孩子们去逛专卖亚洲食材的杂货店。

6 个月后，黛安娜一家已经焕然一新。蔬菜和水果已经变成生活的一部分，孩子们对特别食物的喜好似乎也在不断增加。

“今晚，乔西要做寿司。”我们最后一次谈话时，黛安娜说。

“天哪！真不敢相信”

“我知道，”她说，“我也不敢相信，但是事实就是如此。”

“没错，确实是事实。”

“还有另外一件事就是，我注意到他们的行为也有所变化。”

“什么意思？”

“他们的个性都变得更为沉稳，不像以前那样好辩和情绪化，他们的功课甚至也变好了。老师们也都反映说他们变乖了。”

我笑了笑，说：“是吗？那真是太好了。”

谁能想到，当孩子少吃缺乏营养的垃圾食物，多吃健康的营养食物后，他们的情绪、行为和成绩都会有所改观。

“下周泰勒过生日，”黛安娜说，“你知道他想吃什么吗？”

“什么？”我问。

“豆泥冰激凌。”

让孩子告别垃圾食物的几个要诀

1. 再次重申，记住 3 条黄金定律：饿了，就会吃。20 次难吃换 1 次好吃。教导孩子倾听他们的胃，而不是看着餐盘。
2. 彻底禁止垃圾食物，让孩子只能选择健康食物。否则，宁愿让他们饿肚子。
3. 利用创意让食物变得有趣又好玩，拉近孩子与食物的距离。
4. 让孩子参与食物准备过程。他们不必烹煮出包含 3 道菜肴的正式餐点，但可以尝试做色拉或者把鸡肉腌起来。让孩子帮忙准备食物，能够更轻松让他们接纳各种食物。

第五章

让孩子学会独立上厕所

禁止孩子做你想让他做的事情，是激发他对某件事产生兴趣的最好方法。入厕训练也不例外。

每个孩子都有属于自己的一份独自入厕的时间表，所以，无论他是2岁还是4岁告别尿布，都是正常的。

大人和孩子准备越充分，孩子的入厕训练也就越顺利。

入厕是个大问题

事实上，训练孩子上厕所是一件令人恶心的事情，而且作为父母必要工作之一，它会让我们变得愚蠢又疯狂。所以，我们还是赶快来看看这个问题吧。

我们将很快带过这一部分，我会为你提供可能需要、也可以立即上手的方法，然后再继续讨论那些让鼻子比较舒服的内容。

家族成员	曼迪（26 岁）、金（快 4 岁）
问　　题	金拒绝坐在马桶上，拒绝换掉尿布。
备　　注	询问有关外婆的事。

最让我感到吃惊的事情之一，就是新生儿的粪便闻起来有点像是制作饼干时用的面粉团。也许这只是我家孩子才有的情况，但是有那么一段时间，孩子的排泄物还不是那么让人恶心。

很不幸的是，等到了某个时间点，一切就都变了。饼干面粉团般的香味，逐渐被一种类似腐臭池塘最底端的废弃物的恶臭所取代。

从外表上看，孩子是天使；但从内在上看，某些地方显然不尽如人意，比如说他们的大便总是让人联想起放射性工业废料。这一切驱使着父母想方设法，以便与孩子生活中的这部分内容彻底断绝关系。因为与孩子有关的有趣事情很多，但这一项绝对不是。

4 岁了，她还在使用尿布

曼迪再也忍受不了这一切，她希望让金尽快学会自己上厕所。咨询一开始，我就清楚地看出她被事情缺乏进展所困扰。

“她就是拒绝坐在马桶上，”她说，“当我试着抱她坐在上面时，她就不断尖叫和哭喊。真的让人很有压力。”

“嗯。”我说：“你为什么觉得现在是训练她上厕所的好时候呢？”

“可能是受我母亲影响吧，”她告诉我，“我们 3 岁时就开始自己上厕所了。现在金快 4 岁了，居然还用尿布。”

“所以你母亲认为，金不应该再使用尿布了？”

曼迪点头，答道：“对。”

我笑了笑，说：“那金怎么想呢？”

“她当然不愿意啦。”

“所以你觉得现在是金学习自己上厕所的合适时机，是出自你母亲的建议？”

她点点头说：“嗯，总有一天她要自己上厕所，不是吗？”

“话是这么说，但就我的经验而言，通常只有孩子做好准备后，事情才会成功。”

“但如果她永远都没有准备好呢？”

“嗯，那问题就应该是，她有没有做好准备了。”

于是，我们又聊了一会。慢慢地，事情渐渐明朗化，原来曼迪是向妈妈施加的压力屈服了，决定让金学习自己上厕所。

请不要误会，祖父母通常很棒。当他们只做祖父母时，总是最棒的。但他们不是你孩子的父母，所以只能提议，不能决定。这毫无疑问。

“那么，你曾经试过哪些方法？”我问曼迪。

“每天早餐过后，我都会让她坐在马桶上，直到她想上厕所为止。”

“噢，那通常要花多长时间？”

“有时20分钟，但是她通常不愿意在马桶上大便，而是等到离开厕所后，拉在尿布上。”

“那你对此采取什么措施？”

“我会让她回到马桶上去。”

“但那时她已经上过了吧。”

“我知道，但我希望她至少能学习一下。”

“嗯。”我一边点头回应她，一边看着一旁的金。她是一个金发小女孩，上身穿着小熊维尼的长袖衬衫，下身穿着裤脚上有粉红色绒毛的蓝色牛仔裤。从外表看，她真是个可爱的女孩，但有谁知道她会让她的妈妈产生那么大的压力呢？

我指了指金，对曼迪说：“但那样做，会让小熊‘为难’，从而更少大便，对吧？”

曼迪笑笑说：“我想是吧。”

“好吧，你想知道怎么做，可以立即缓解因训练金上厕所所产生的压力，是吗？”

她赶紧点点头，说：“嗯，是的。”

我却微笑着“打击”她说：“请放弃这个念头。”

问题在哪里？

因为种种压力，在金还没有做好准备的情况下，曼迪就开始强迫她学习上厕所。也因如此，所有的乐趣都被冲到马桶里，厕所训练也由此演变成生活中的一场战事。

结束战争最简单的方法就是直接停止战争。这并不是说让孩子“大获全胜”，而是说你要聪明地选择自己的立场。而在所有选项中，最糟糕的就是站在肠蠕动失败的那一方。

独立入厕，每个孩子都有自己的时间表

不同年龄阶段，孩子独立上厕所的能力有很大差异。如果在孩子还不足 20 个月大时就开始进行厕所训练，无疑是浪费时间。因为就生理来说，这时孩子通常还很难自觉控制自己的膀胱和肠子。当然不排除个别特殊情况，但通常 20 个月是最低限度。

一般而言，3 岁左右时，2/3 的孩子白天可以不使用尿布，独立上厕所，1/3 的孩子则做不到。4 岁时，之前 1/3 不能独立上厕所的孩子中的绝大多数可以独立上厕所，但少部分仍然不能，需要等到 5 岁才能学会。值得注意的是，整体而言，男孩学会独立上厕所的时间往往会比女孩晚一点。

差不多大部分孩子要等到 4 岁，在学会白天独立上厕所以后，才有办法晚上不尿床，有些孩子则要等到 5 岁左右才能做到。即便如此，10% 左右的孩子在上学之后，还是会出现晚上尿床的问题，个别孩子更是会持续好几年。

因此，并非像某些祖父母所说的那样：“所有孩子都应该在 18 个月大时，开始学习上厕所。”这种说法虽出自好意却未免强人所难。如果你正遭受这种压力，我的建议是向这些人礼貌地微笑，然后告诉他们你自有打算。

所有孩子都会有独立上厕所的那一天，但是他们会以自己的方式在自己的时间表内完成。因此在这一方面最糟糕的情况，就是你带着不切实际的期待，强硬推进事情发展，然后在失败中以眼泪收尾。所以，还是遵循孩子自己的时间表为好。

如何知道你的孩子准备好了

你可以问自己和孩子一些简单的问题，以确定现在是不是厕所训练的恰当时机。以下问题清单，供你参考：

孩子有 20 个月大了吗?

他们会说话了吗?

他们能否告诉你尿布湿了或者脏了?

他们知道怎样向你表达自身需求了吗?

他们有没有吃大量的粗食品，并且喝很多水?

你感到开心的时候，他们知道吗?

你有办法让他们觉得上厕所是件开心的事情吗?

你怕不怕麻烦吗? （如果怕的话，就先让他们再使用一段时间的尿布，让自己放松一下。）

你已经做好尝试的准备，但是如果不成功，你就停下来，过段时间后再尝试吗?

你有没有地毯清洁剂?

如果针对上述问题，尤其是最后 2 项，你的答案是肯定的，那么或许是你尝试的时候了；但如果你的答案是否定的，或者不太确定，那就再多等一段时间。

上厕所训练 3 步骤

训练孩子独立上厕所的方式不计其数，以下便是其中一种。这种方法步骤明确。对大多数父母而言，清楚的步骤能够帮助理顺脉络，掌握事情进展。当然，你也可以根据实际情况，适当调整以下步骤：

步骤 1：让孩子感觉上厕所是件有趣的事

激发孩子对某件事产生兴趣的最好方法之一，就是故意禁止他们做你想让他们做的事。如果想让孩子在马桶上大便，那么在此之前你就要告诉他们不能这样做。

我并非完全要你设下陷阱，以便让他们破坏规矩，但你可以这样告诉他们："记住，你可以走进去看看马桶，但你还不能坐上去。马桶是给大男孩坐的，所以等你再大一点再坐上去，好吗？"如果你想让孩子偷看开箱子的办法，也应该先告诉他们不要这么做。

接着，要将厕所逐渐变成一个有趣的地方。你可以在厕所里挂上照片，在孩子睡前讲一些关于厕所的故事，并且在每次经过厕所时尽可能开心地欢呼。这样做的目的是让正在学步的孩子感觉到，这个最小的房间里居然充满着最大的乐趣。与此同时，你必须建立起潮湿或肮脏尿布和恶心之间的关联性。你需要经常询问孩子想不想把恶心的尿布换掉；当你在他们大便后，为他们清理尿布时，尽可能扮出鬼脸，并在帮他们换上干净尿布后，让他们知道这样感觉很好。

最后是开始倒计时。当孩子年龄足够大后，拿出月历，以某一天为起始点，然后每天都划上一个颜色，大力宣传厕所训练那一天的来临。

步骤 2：让孩子先训练他喜爱的玩偶上厕所

在玩乐中，孩子学习进步最快，所以你要在厕所训练中把握好寓教于乐的原则。最好的方法就是，让孩子训练他们最喜爱的玩偶独立上厕所。先教会泰迪玩具熊独立上厕所，才能让孩子也真正学会。发明一个有趣的游戏，比如说让孩子经常询问他的泰迪玩具熊是不是想上厕所，如果泰迪玩具熊想，那就帮他坐在玩具马桶上，然后在他上完厕所后大肆欢呼一番；如果他回答说不想，也要称赞他，因为它知道自己什么时候需不需要上厕所。

如果孩子说想上厕所，那你就可以放鞭炮庆祝了。再次重申，务必把上厕所变成一件有趣的事。

步骤 3：丢掉尿布，适当奖励孩子入厕的行为

这是关涉到地毯清洁剂的阶段，因为当泰迪玩具熊掌握了上厕所的技巧后，就轮到你的孩子了。你绝对希望在周末进行，因为有许多帮手可以轮番上场，而且你还可以将此事当做重要事务。

首先，强调不会再有尿布的事实。或许你可以在"大日子"来临的前一天带孩子上街，选购一条"大孩子"必备的"特别内裤"。当他们把裤子穿上后，特别强调新裤子没有尿布的事实。

其次，给他们喝下大量的水，然后每隔 2 个小时就问他们想不想上厕所。如果你在制造动机阶段做得不错，他们就会很想上。如果他们不想，也不要强迫他们，而是返回前面步骤，重新激发动机；如果他们想上，你就大声叫好。

奖励很重要。在这个阶段，我建议首先以虽不健康但孩子喜欢的糖果点心作为奖励，因为没有什么比它们更能有效引发孩子的动机。等到事情有所进展后，再用其他较健康的食物或者奖品（例如贴纸）来替代。

与此同时，你必须做好迎接意外和混乱的心理准备。如果家中有白色地毯，那么它将会让你心烦意乱。但如果意外真的发生了，请不要抱怨或者发脾气，只要清理干净就行。当然，为了让泰迪玩具熊记住基本原则，你也可以以此为借口让泰迪玩具熊禁足。继续进行喝水和厕所询问计划，称赞任何有所进步的表现，即使只是"一点点"。慢慢地，他们都会表现得更好。这时，你可以慢慢把奖励撤销。

再次，鼓励他们在有需要时自觉上厕所。当他们第一次独立上完厕所后，你一定要着重强调这件事，并不断称赞他。通常，这个时候你可以打电话给孩子的祖父母、叔叔、婶婶等，以便让孩子能够继续这种了不起的行为。

如果情况变得混乱，请不要惊慌，不要沮丧，也不要生气。孩子学习需要时间。做好进行清洁工作的心理准备，你就不会对此失望。这的确需要花点时间，但终有一天你将会从中摆脱出来。

训练孩子晚上不尿床

无论做什么，都要让它充满趣味性。如果事情演变成家庭战争，那么最好的办法就是暂且退后一步，停止计划，过一段时间再重来。让厕所训练变得有趣的方法有很多种。

如果你是位艺术家，就可以用一张张大片的硬卡纸，把马桶变成恐龙、小马或者卡车，还可以创作厕所专属音乐，比方说以下这道特别的厕所歌：

我们喜欢尿尿，我们喜欢便便，

我们喜欢像袋鼠一样，坐在马桶上面。

我们喜欢做大孩子，搞定大小事。

我们觉得尿尿和便便，是好好玩的事。

和上厕所有关的趣事有很多。只要你具备一些创意，魔法就会出现。如果你把它变成了痛苦、有压力的苦差事，那么事情就不会顺利地进行；如果你把它变成孩子都能开心享受的趣事，那么你就一定会成功。

另外，请务必记住，只有当孩子学会在白天独立上厕所后，才有可能晚上不尿床。道理简单明了，但并非每个人都懂。当孩子白天不再使用尿布以后，就可以开始训练了。这时，以下方式都适用：让事情变得有趣、建立关系、以奖励刺激变化。第一至第五个没有尿床的夜晚很特别，务必奖励。但自那以后，你就可以慢慢拉长奖励的时间，让孩子更认真地执行。

让孩子养成晚上睡觉前和早上起床后上厕所的良好习惯。如果是晚睡型的人，在你上床睡觉前，请把孩子叫醒并带他上完厕所，再安抚他上床睡觉。你会发现，这比你想象的要容易。如果意外发生了，请不要大吼大叫，让孩子在晚上使用尿布，等一段时间后再尝试。

尽可能让孩子帮忙拆床单，不是说全由他自己来做，但绝对要求他过来帮忙。因为你必须让孩子知道，当他制造出混乱时，就得过来帮忙收拾。长此以往，孩子就会受不了一直换床单，自然就会自觉上厕所。

在我家，如果孩子尿床了，我会让他一大早去洗个澡，但不是舒服和玩乐的那种洗浴，而是非常短暂而又实际的冲浴。这样做可以加强对孩子的刺激。另外，让他进去后马上出来，是惩罚尿床的关键。

孩子不再尿床的时刻最终会来临，只是你必须坚持并等待。如果问题一直存在，那你最好带孩子去看医生。等确认不是身体原因后，回到家再解决行为问题。你有可能需要求助行为专家，但这并不困难。

准备3个月，孩子顺利学会独立入厕

我把所有一切告诉曼迪后，她顿时放松了些。她已经和金奋战了好几个月，早就到了忍耐的极限。

“所以，我只要等待就行，是吗？”她问。

我点点头说：“嗯，差不多3个月，等一切确定再尝试。”

回家后，她真的这么做了。在事隔差不多4个月后，曼迪开始着手进行动机制造计划。还没等到“大日子”到来的那一天，金就等不及要去上厕所了。这次，她是因为心理作用真的憋不住了。

曼迪给金做了一个芭比马桶，金特别喜欢。因此，没有反抗和争辩，也没有紧张和压力，事情进展顺利。曼迪还采取了大量喝水和厕所询问的策略，很快事情因此就有了新进展。在一切重新开始以后的第二天，金就学会自己独立上厕所了。而一个月之内她也不尿床了。

当停止争吵后，生活也就变得简单了许多。

训练孩子入厕，你要怎么做？

1. 至少等到孩子 20 个月大后，再考虑厕所训练一事。
2. 无论做什么事情，你都不要着急仓促。记住，所有孩子都会有自己的成长时间表。
3. 如果你还没有做好充分的准备，那就不要开展计划，使用尿布并不完全是件坏事。
4. 当一切准备就绪后，试试以下 3 大步骤：
   步骤 1：让孩子感觉上厕所是件有趣的事
   步骤 2：让孩子先训练他喜爱的玩偶上厕所
   步骤 3：丢掉尿布，适当奖励孩子入厕的行为
5. 从大量喝水和定期的上厕所时间开始。
6. 训练时，以正面的注意力和甜点为奖赏；待训练成功后，引导孩子学会担负独自上厕所的责任。
7. 不要让事情演变成战争。如果不成功，试试别的方法，或者过一段时间以后再尝试。
8. 如果你遇到问题或者感到担心，找个医生检查一下。
9. 只有当孩子学会白天独立上厕所以后，晚上才不会尿床。
10. 晚上不要让孩子喝太多水。
11. 帮助孩子养成睡前上厕所的好习惯。
12. 奖励成功的行为。
13. 如果还是有问题，请寻求专业意见。

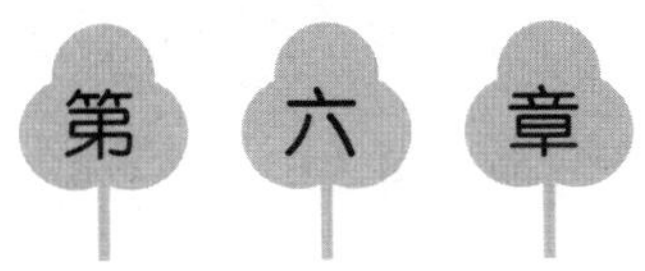

不吼不叫，3 招搞定“小顽童”

孩子捣蛋，乱发脾气，都是为了吸引父母 100% 的注意力。父母越忽视它，它消失得越快。

利用有效称赞，可以喂养好行为。

你知道孩子最痛恨的处罚方式是什么吗？“早早上床睡觉”。运用它，可以让孩子学会服从。

父母像机器一样执行计划，孩子就会像兔子一样听话。

脾气像河马一样暴躁

家族成员	克里斯（36岁）、玛丽（37岁）、辛妮德（3岁）
问　　题	辛妮德经常大发脾气，有时长达几个小时，无法阻止。
备　　注	在电话中，我甚至都可以听见她的声音。

她人儿不大，脾气不小

没有什么比孩子生气时所发出的叫声更尖锐刺耳的了，它能穿透你的耳膜，也能让飞机上其他乘客回过来头，对着拼命安抚孩子的倒霉父母摆出一张臭脸。(通常，我会回敬那些对我摆出一张臭脸的乘客一张臭脸。因为我觉得如果他自己不能让一个2岁的孩子在疲倦又无聊的时候乖乖坐上几个小时，那么就好好坐在那里，不要去烦那些可怜的父母。)

“嗨！”我一边走进等候室，一边大声地打招呼，因为有个“河马宝宝”正在角落里发脾气。

从外表上看来，辛妮德是个清瘦的小女孩，但身体却住进了一只河马，脾气有点暴躁。这只“河马宝宝”的号啕大哭可以折断一架747客机的机翼，因为为了摆脱这场苦难，飞机将自行折断机翼，宁可坠落造成伤亡，也要摆脱她制造的噩梦。

辛妮德的妈妈带着歉意，在吵闹声中对我微笑着说：“很抱歉，她想要玩盆栽。”

我挥了挥手说：“没关系，用不着道歉，对付又哭又闹的孩子是我的工作。我们的耳朵里早已有一副特殊的耳塞，不会受影响的。”

“我们最好重新约个时间，”玛丽带着歉意说。

“为什么？”我有点疑惑地问：“她哪里不舒服吗？”

玛丽摇摇头，答道：“没有，只是一旦闹起来，没有几个小时她是不会停下来的。”

“噢。”我一边回应她的话，一边望向“河马宝宝”。此时，克里斯正在跟她说话，并试着用娃娃来分散她的注意力，可她理都不理，还不断把娃娃推开，任由克里斯反复尝试。

“我们可以下周再约个时间吗？”玛丽脸带尴尬地问。

“噢，”我回答她说，“先不要急着再约时间，我们先来做个实验，好吗？”

“什么意思？”

我朝她靠近一点，以便让她听到我的话：“你想不想看看，我让她调整一下音量？”

玛丽摇摇头，否定道：“她不会停止的，真的，她可以这样持续几个小时。”

我耸耸肩，说：“那就试试看呗，反正又没有什么损失。大家都在这里。”

她呆站在那里，看起来有点犹豫和怀疑。

为打消她的疑虑，我带点幽默地说：“我们试试让事情变得有趣一点，好吗？如果不能让她停下来，我将不收取任何费用；如果我成功了，那你付给我原来4倍的价钱。”

玛丽笑了笑说：“办不到，或许你有什么心理学家的秘方可以让她停下来。”

我用自信的语气回答说：“那当然，不然我能跟你打赌？”

玛丽叹了口气说：“好吧，来吧。”

我把克里斯叫过来，跟他握手并交谈了一下以后，便命令夫妻二人跟我走。听到命令，克里斯立即转身，想回头带着“河马宝宝”一起走。我拍了拍他的肩膀，摇摇头。夫妻俩顿时呆住了，疑惑地看着我。

“把她留在这里，”我解释说，“等哭完以后，她就会跟过来了。”

“但是……”

没等克里斯说完，我就用自信的语气打断他说：“来吧。”

于是，夫妻俩一边乖乖地跟上来，一边禁不住回头看。房间距离等候室虽然不远，但也没办法直接看到。

我一边走进房间，一边确认前门是否上锁。在这件事情没有解决以前，谁也不能离开房间，包括她的爸爸妈妈。

我们刚进房间，就听见号啕声逐渐转化为发狂怒吼，仿佛5级飓风似的，窗户看起来也似乎要被震破了。

“也许，我们应该回去看看。”玛丽说。

我摇摇头，制止她说：“没事，至少她还在呼吸呢。”

当“河马宝宝”继续号啕大哭时，玛丽和克里斯看起来非常担心。我不由得佩服起辛妮德来，年龄这么小，就已经学会用几乎不可能的方式，将那么小的肺活量发挥到最大限度。为了分散夫妻俩的注意力，我打破沉默：“这种情况，从什么时候开始的？”

“她一直以来都很难对付。”克里斯说。

“比如说？”

原来“河马宝宝”真是“问题宝宝”：从怀她开始，玛丽就出现害喜、难产等症状，紧接着就是饮食问题和行为偏差。身为父母，夫妻俩几乎经历过所有的攻击与折磨。直到现在，他们仍然不能阻止孩子吃垃圾食品，让她睡觉更是个噩梦。这让玛丽和克里斯觉得，他们好像随时都在应付各种状况。

“我们几乎每天都要对她吼叫。”克里斯说。

“一点都不奇怪，”我说，“面对这种情况，谁又能保持理性？”

夫妻俩之所以决定来找我，是因为一周前，玛丽带着“河马宝宝”去当地公园游玩。刚开始，一切都很好，但是当玛丽告诉她因年龄太小而不能去溜滑梯时，“河马宝宝”就爆发了。

“我当时站在那里，”玛丽说，“听着女儿不断尖声哭叫，看着她坐在地上，四肢乱舞，在所有人面前吵闹。然后我意识到，再不解决这个问题，我很有可能会埋怨她、讨厌她、痛恨她，更没法跟她共度下半辈子。其实我并不希望对自己的女儿有这种想法。”说着说着，她忍不住哭了起来。

面对这种情况，未受训练的专家可能会感到慌乱。但是作为有多年经验的临床心理学家，我知道应该怎么正确对待。于是，我把身子稍微往前倾斜，然后说：“要来张面巾纸吗？”

问题在哪里？

事实上，一走出等待室，我就发现问题所在。所有孩子都是食人鱼，“河马宝宝”亦是如此。

玛丽和克里斯掉进了父母最容易掉进的陷阱之一：喂养了错误的东西。正因如此，“河马宝宝”知道要获取他们的注意力，就得来一场戏剧化的表演，或者尖叫。夫妻俩的所有烦恼、问题和悲痛，全都源于一个简单的事实：花费太多的注意力在孩子错误的行为上。

这是我在等待室里所看到的情况：“河马宝宝”大吵大闹，以吸引父母

100% 的注意力来奖励她。她显然已经学会要得到注意力就要不断地吵闹。于是，事情就越演越烈进而失去控制。这不是谁的错，但却是父母经常陷入的困境之一。天知道，我和我的孩子曾上演过几场这样的“巡回表演”。

大吵大闹是为了吸引父母的注意力

对于孩子来说，没有什么比父母的注意力更具影响力。因此，父母的注意力不仅能够解释绝大部分问题，而且也能解决这些问题。

但令人疑惑的是，注意力为何有这么大的影响力呢？因为这是人类的寻求安全感的本能。当孩子还幼小时，对他而言，世界是如此陌生，如此可怕，仿佛随时都可能将他小小的身躯吞没。除了父母，还有谁可以为他提供这种安全感呢？

一次，我和妻子带孩子到附近的鸟园游玩。天气很好，孩子们需要发泄精力。当一只金刚鹦鹉（一只体积庞大、色彩鲜艳的鹦鹉）发出响亮的叫声时，小儿子盯着它看。他站在那里，脸色发白，差不多 1.5 秒后才转身冲着我放声大哭。

对于父母来说，这是一个对孩子感到抱歉的时刻，也是一个令人发笑的时候。我试着做个协调者，带小儿子回到金刚鹦鹉旁边，但他却不愿意。很显然，他认为虽然有笼子，但那只鹦鹉还是想把他吃掉，于是他条件反射地冲回他认为最安全的父亲身边。

这是骨子里的本能，也是为什么对于孩子来说，获得父母的注意力是如此重要。孩子希望父母随时在身边，也希望父母随时关注他们。

谁知道鹦鹉会藏在哪里呢？

因此，在孩子的小脑袋里，只要是可以让他们获得注意力的事情，就会被贴上“好”的标签，其他的则会被淘汰。

你是否碰到过这样的事情：两个孩子坐在桌子上，一个在安静地吃饭，另外一个则用汤匙把牛奶洒得到处都是。父母走近捣蛋的孩子（完全忽略安静的孩子），开始责骂：“埃米莉，你不可以这样做，否则你就得回到房间去。”在这样的情况下，好孩子会学到什么？他学到的是，如果想要引起父母的注意，就要用汤匙把牛奶溅得到处都是。

将注意力放在坏习惯上，如同选举投票。每投下一票，你就鼓励政客一次。如果你把注意力放在坏行为上，那么坏行为很快地就会“统治国家”。

我们经常会这么说：

“停下来，塔昆！”

“塔昆，你为什么总是要这样做？”

“塔昆，不可以！”

“我已经告诉你多少次了，塔昆……”

“塔昆，这是我最后一次警告你……”

“塔昆，不要再去玩那只鹦鹉了……”

“塔昆……”

“塔昆！”

“塔……昆……！”

将注意力放在孩子的不良行为上是件很容易的事，因为不良行为总是会大声嚷嚷。当孩子下定决心要惹恼你的时候，没有什么比大声嚷嚷更好的方法了。

我经常听到父母这样说：“她这么做，简直就是要了我的命。”当然了，孩子本意并不是让我们陷入疯狂，只是想吸引我们的注意力。如果可以，他们会让我们快乐，但一旦疯狂起来，你将无法阻止。这并不是说让你忽视一切，因为有时你显然必须介入并干涉他们的某些行为。在以下的几个例子中，我将教会你怎么样处理。但是**90% 的不良行为，如果你不加关注并停止“喂养”，它们大都会自行消失。**

用有效称赞来“喂养”好行为

当我告诉父母这些道理后，通常总能获得他们的赞同，但更多的却是：“对，可是我们已经都试过了，却没什么用。”面对这样的回答，我反问他们说：“可是你是否真正做到忽略孩子的不良行为，并称赞他们的良好行为呢？”

当人们说他们曾尝试忽略一些事情时，言下之意通常是说自己尝试了大约10分钟，然后就投降了。或者说，他们有时会忽略，但有时又会抓着孩子的错误不放。对此，我的立场是，假如你决定要忽视某种行为，那么你就应当永远忽视它。也就是说，从你决定的那一刻起，对你而言那种行为就不复存在。

当小光头黑猩猩开始哭泣时，黑猩猩妈妈和爸爸会把香蕉留下，然后离开。这样做的好处是，小光头黑猩猩为了不被野兽吃掉，就会很快停止哭泣，并设法寻找新方法，以便让大黑猩猩再次靠近。

这时，也就是给予称赞的时候了。

称赞是孩子生命的根源，也是儿童时期的圣杯。一旦了解了这一点，你所遇到的一切问题都有可能迎刃而解。如果想让孩子表现出良好行为，那么你就必须学会称赞。表面上看，称赞似乎是件容易的事情，但是对于许多父母而言，却不是这么一回事。一方面由于在成长过程中，他们很少得到称赞；另一方面，他们天性不善于称赞。但如果你不知道怎样称赞，那么你也就很难给予孩子称赞。

因此别忘了，有效的称赞才是促进良好行为的关键。基于此，我将如何称赞孩子的有效方式整理如下：

1. 明确称赞

所谓“明确称赞”，专业术语又称“标签式称赞”(Labelled Praise)。意思是说，明确地描述出你所称赞的行为，比如说“谢谢你帮我拎这些袋子。”它有助于引导孩子将称赞和你希望出现的行为相衔接。

2. 突出称赞对象

借第一人称“我”开头的句式，来表示某个明确的良好行为而不是一般行为，可以获得你的注意力。比如说“我真的很高兴你会自己去拿睡衣”就比“好孩子会自己拿睡衣”更有效。

3. 100% 专注称赞

不要在看报纸、电视或者待在另一个房间里时称赞孩子，而是站起身、走向他、蹲下来，然后用正面的眼神看着他，并直接称赞。如此一来，他们才会确信自己应该用良好行为来获得你的注意力。

4. 开心地称赞

这一道理不言而喻，但许多人都会做错。光说“好孩子”毫无作用，当你用平淡的语气甚至有点生气（因为孩子5分钟前所做的错事）的语调称赞时，更是一点作用也没有。因此，称赞时要让自己看起来和听起来像你表达的称赞一样开心，夸张一点最好。

5. 肢体接触

孩子会因肢体传达出来的情感而快乐成长。对小黑猩猩而言，没有什么比做了好事后，爸爸妈妈帮自己抓掉身上跳蚤更棒的事情，因为这让它感觉仿佛置身天堂。如果你不想抓跳蚤，或许可以给孩子一个拥抱或亲吻。

6. 经常称赞

就算要培养孩子的良好行为，你也要清楚自己无法为称赞设计时间表。无论何时，只要你发现孩子的良好行为，都应该立即作出反应。你越快将称赞和良好行为联结在一起，“这个行为是值得重复进行”的信息就会越快起作用。但前提是，你必须先将注意力放在良好行为上。

总而言之，你应该将以下这句话深植在脑袋里：忽视你不希望出现的行为，称赞你希望出现的行为。这是一条非常简单也非常重要的真理。

一旦你意识到注意力的重要性与影响，那你就会学会掌握它。有目的地去应用你的注意力，是你在家中取得优势地位的唯一且最有威力的武器。

转移或引导孩子的注意力

在管教孩子时，转移他们的注意力是非常有效的，但同时也是经常被忽略的一环。转移孩子的注意力是种很棒的管教工具，因为他们的注意力很容易被引导。

一般说来，他们注意力集中的时间非常短暂，通常是短暂记忆。所以，**如果能引导孩子关注其他事物，那么你就可以避免几乎所有不必要的争吵，甚至95%的冲突**。但对于某些人而言，转移孩子的注意力却是件非常困难并且需要特别努力的事情。事实上，只要事情开始进行，那它将会变得轻松又有趣。如果你还是觉得十分困难，那就请尝试运用我整理的以下方法试一试：

1. 改变话题

这是所有方式中最简单的一种——直接改变话题。比方说，当你的孩子哭闹着，不愿意去洗澡时，你可以直接把话题转开：“你今天在幼儿园做了些什么？”

2. 将无趣的事情变有趣

与其让事情演变成争吵：“你现在就给我去洗澡！”不如换成有趣的角度：“我们一起去看看，橡胶小鸭今天有没有办法制造出泡泡吧。”

3. 动作语言具象化

与其平淡生活，不如让生活更精彩有趣一些。与其说“拜托，别再哭闹了，我们去洗澡吧”，不如在说完“让我们像条龙一样，飞去洗澡”后，把他抱起来，一边在屋子里绕着，一边像条龙般吼叫着，最后降落在浴室里，并熄掉龙的火焰：“最后我们就在蒸气里啦。”

4. 做个傻瓜

有时，最傻的办法就是最好的办法，你甚至不必是个特别有创意的人。随便拿个东西，然后假装让它说话（可以是一根香蕉、一只袜子、一块木头等），或者随便说一些无关痛痒的事情：“你猜我今天看到了什么？一只走在路上，唱着歌的斑马”；或者你可以和孩子一起跳着幼稚的舞蹈，也可以教他单腿站着哼歌，或者做任何你所能想到的傻事。疯狂一下，享受人生。

5. 说些善意的谎言

这是充满乐趣的一招。比方说，当孩子开始吵闹时，你眼睛往上看看，然后说：“嘘。”让他们别出声，接着用充满戏剧化的语调问他们是不是听到什么声音。当他问是什么声音时，你轻声说：“恐龙。”然后你们俩再慢慢走到窗边，看能不能发现些什么。

任何这样的方式都既有趣又有效，因此你也可以问在超市里发脾气的孩子，他们有没有看到那只跳来跳去的蓝色兔子。通常，在追赶那只讨人厌的兔子过程中，你很容易边说边买齐所有杂货。这是不是一件又简单又快乐的事情呢？

正如我之前所说，孩子几乎会相信你所说的任何谎言，这也是你能够轻松转移他们注意力的原因。

转移注意力的另外一个好处是，它本身是件非常有趣的事情。事实上，转移注意力在玩乐中的效果最好。因为有趣的事情极具感染力，几乎不受任何条件限制，很容易对孩子产生效果。所以，每天都有父母以前所未有的方式扩大转移孩子注意力的范围。

称赞好行为，夸出乖女孩

玛丽接过我递给她的面巾纸。

我松了口气，因为如果面巾纸都不管用，那就别无他法了。

她擤了擤鼻子，克里斯在她肩膀上揉了揉表示安慰。

等她稍微调适好了后，我开始说话："嗯，至少有件事情还不错。"

"什么事情？"玛丽小声问道。与此同时，夫妻俩静静地看着我，显得有些焦虑。

"我去看看她。"克里斯一边说一边站了起来。

我知道辛妮德没事，她就坐在门外。从房间开着的缝里，可以看到她穿着袜子的腿。我试着提醒克里斯，但为时已晚。

克里斯刚到门外，辛妮德就再次大声哭闹起来。

我禁不住笑了笑。

我和玛丽、克里斯一起聊了大约半个钟头。大概聊到15分钟时，"河马宝宝"停止了哭闹。

我设计出来的方案非常简单，只要他们忽略不好的行为，称赞良好的行为就可以了。

但要确实地做到这点，必须要让他俩对这两种行为达成一定的共识。因为如果没有界定清楚这两种行为，那么他们就会遇到困难，有时会忽视某种行为，有时却又无法坐视不理，因而让孩子收到混乱的信息。

如此一来，反而增加不良行为发生的频率。这种现象，我帮它取了个花哨的名称：“变动时距式强化方式”(Variable Interval Reinforcement)。简化一点，即“有效管理”。

在这个案例中，事情很简单：不良行为包括了闹情绪、发牢骚和乱发脾气；而良好行为则包括安静玩耍、给爸妈一个拥抱以及帮忙做些力所能及的事情。在过渡时期，父母必须留心，并对任何朝着良好行为方向前进的行为予以称赞。哪怕孩子只是安静地坐上几秒钟，也是一种值得称赞的行为。因此我首先要求他们做的是，尽可能利用一切时机忽略不好行为，称赞良好行为。

其次，他们必须尽可能转移孩子的注意力。转移注意力正是训练她不再用戏剧性的表现，而是用不同的思考方式获取注意力。唯其如此，那些与注意力相关的不良行为才会自行消失。

解释完这一切后，我让玛丽和克里斯立即做了个练习。5分钟后，辛妮德停止哭泣，哭丧着脸走进房间来。

见此情景，我立刻对玛丽说：“玛丽，从现在开始，转移注意力和表示称赞。”

“看看那个，”玛丽指向角落，对辛妮德说，“是只魔法亲亲小兔。”

玛丽真是个天生好手，连我都差点上当。因为就我所知，房间里根本没有什么魔法亲亲小兔。

“河马宝宝”立即往角落那堆玩具看过去。很快，她失望地望着玛丽。

“看起来很漂亮。”玛丽说。

虽然称赞中没有“我”，但此时我并不打算进一步分析。

“要我帮你找找吗？”玛丽问。

“河马宝宝”点点头。

于是，她俩走到角落仔细翻找。当然，那里有一只亲亲小兔，而且给了“河马宝宝”许多亲吻，让她大声“咯咯”笑着。

那一刻，我明白一切问题都将迎刃而解。只要父母坚持简单的基本原则，事情就会顺利地进展下去。

一个星期后，我打电话询问进展。

“好多了，”玛丽说，“她现在简直大变样。”

“你觉得是什么让一切变了呢？”

“我们认真执行计划，忽略所有不良行为，称赞良好行为。现在，她发脾气也只是几分钟而已。她变得更亲切、更温顺了。”

“太棒了，”我说，“做得好。”

“最让我高兴的是，我现在很享受与她共处的时间，不再为她的调皮唠叨不停。我只需专注良好行为就可以了，通常她都会朝这个方向前进。”

几个星期后，我和他们又见了一面。但这次，是帮他们解决厕所训练和睡眠问题。

总体而言，他们的情况都好多了。最重要的是，“河马宝宝”已不见踪影。

很显然，它已经搬离这个家了，只留下一个叫做“辛妮德”的乖女孩。

如何对付脾气暴躁的孩子？

1. 明确你不希望出现的行为，然后完全忽略它。
2. 明确你希望出现的行为，并在合适时机利用前面讨论过的技巧予以称赞。
3. 确保其他人都忽视同样的行为，并且都对同样的行为给予称赞。
4. 混淆信息，只会让情况更糟糕。

5. 抓住一切机会，转移注意力以避免争吵。

6. 如果出现某些让你无法坐视不管的行为，请阅读下一章节。

小小叛逆者

家族成员	阿黛尔（34 岁）、乔治（5 岁）、凯蒂（3 岁）
问　　题	乔治很不听话，制造各种麻烦，总是把家中生活搞得一团糟。
备　　注	让事情简单点。

要他向东，他偏向西

对于美国大多数的对外政策，我都不太认同。但对于其中一条，却绝对支持，那就是“绝对不向恐怖分子妥协”，因为它是一条黑暗之道。

5 岁的乔治是个“小恐怖分子”，虽然你很难判断他的政治议程到底是什么。在他独特的意识形态里，无政府主义占据主要地位。虽然小乔治不像小布什一样对石油议题感兴趣，但也能让一切都变得乱七八糟。

第一次见面时，阿黛尔筋疲力尽，看起来似乎已到了被彻底打败、无力还击的地步。其实，她之所以这样，我完全可以理解。因为在凯蒂 6 个月大时，孩子的爸爸就以“可能再也无法这样下去”

为由，留下一个刚刚学步的孩子和一个新生宝宝，还有一大笔债务，离开了这个家庭。除了2年前给乔治寄了一张生日卡片之外，从此再无消息。这一点让人深恶痛绝，因为身为父亲，当你有了孩子后，如果分开对夫妻俩都好，那就分开，但不能随便掉头就走。

作为单身母亲，阿黛尔毫无选择，只好接手一切。但养育孩子是件很困难的事情：虽然凯蒂是个好孩子，但乔治却在爸爸离开后，一直很沮丧。更严重的是，他很快就变成一个易怒和叛逆的孩子，拒绝所有要求，粗暴地对待妹妹，总是一副杀气腾腾的样子。

由于阿黛尔想跟我单独谈谈，我让孩子们在等待室里玩耍。当我们坐下来时，阿黛尔说："我想他需要一个爸爸。"

我笑了笑，开玩笑似的说："这一点，我可能帮不上忙，但我可以针对孩子的行为举止想想办法。"

"我是说真的，"她似乎没有心思跟我开玩笑，认真地说，"我一直猜想这会不会是问题之所在。"

我耸耸肩，说："这可能是部分原因，但应该不全是，对吗？"

"没错。"

"好的。让孩子们进来，我们开始吧。"

听完，阿黛尔就去等待室把孩子们带了过来。凯蒂开心地小跑步进到房间，乔治则拖拖拉拉地走在后面，皱着眉头。

"嗨！凯蒂。嗨！乔治。"

凯蒂笑了笑，乔治则"哼"了一声坐在椅子上，然后用手指拨弄椅子发出声响。

"乔治，不可以那样做。"阿黛尔说。

他似乎像没有听到一样，继续拨弄着。

"乔治，不可以那样做。"

他拨弄得更加频繁。

"乔治？"

“拨，拨，拨。”

“乔治！”

“拨，拨，拨。”

“乔治……”

终于，他用不耐烦的声音抱怨道：“干嘛？”

虽然没预料到他会愤怒响应，但我也没多说什么，因为我想再看看事情会如何发展。

“拜托你不要那样做。”

“为什么？”

“因为我不想你这么做。”

“为什么？”

“因为妈妈不想让你这么做，可以吗？”

“拨，拨，拨。”

“乔治，如果你再不停止，妈妈就要生气了。”

但乔治显然毫不理会，因为他还在继续拨弄着。

阿黛尔看着我，好像在说：“你懂我的意思了吗？”

见她不知所措的样子，我身子往前倾了一下，用主人的语气说：“嘿，乔治。”

他停下动作，往上看。孩子总是会听从陌生人所说的话。

“你喜欢玩车吗？”我问。

他点点头。

“前面那边，我有些很酷的车，你要不要先去前面玩一会，让我跟你妈妈聊一聊？”

他看了看我，而我也回给他一个坚定但友善的“不要惹我，因为我会胜利”的笑容。他衡量了一下后，站起身慢慢走向门口。

对付孩子是一门心理学，如果你确信自己是胜利的一方，那么你就将是。

问题在哪里?

表面上看来，你可能会认为这个案例很复杂。一个被抛弃、带着两个孩子的单亲妈妈，应付着显然受到爸爸离开的影响而总是感到愤怒的男孩。也许，乔治一直都压抑着悲伤？或许在某种程度上，乔治总是提醒着阿黛尔丈夫离开一事，让她对他有种压抑的敌意？或许，男孩的行为可以让母亲转移注意力，让她不必应付与丈夫分开的消极情绪？

这些都有可能，但它们也都指向同一事实：乔治是一个有着行为问题的小男孩。很多人总在为复杂的行为寻找复杂的答案，对此我深表怀疑和抗议。因为就我的经验来看，专注在更为简单的问题上通常更为有益。

在乔治的案例中，我认为问题仅仅是没有足够设限。乔治绝对是因为突然和父亲分开感到沮丧和困扰，而且这很可能是一切问题的源头。但问题的核心是，他处在一个负面的恶性循环里。

如果他不赶快跳离这个循环，事情就会一发不可收拾。这个小男孩非常需要有人为他设限，因为他需要可以依靠和信赖的事物。

我深信所有的行为都是一种沟通，但这并不是说孩子总在告诉我们复杂的事情。相反，孩子经常传达给我们的都是非常简单的信息。我认为乔治之所以易怒和叛逆，其实是在告诉阿黛尔他很难过、需要限制、需要跟妈妈有更积极的关系、需要知道让他舒心的界线在哪里。

与丈夫离异，让阿黛尔感到焦虑和愧疚，以致当她必须积极面对的时候，却陷入了罪恶感的泥沼之中。因此，乔治必须以某些行动引起她的注意。

现在，他们俩都陷入了恶性循环中。其中最为严重的问题是，阿黛尔的罪恶感阻止她理直气壮地教养孩子，而这又让她陷入无边无际且毫无结果的谈判中。

我认为乔治的目的其实只是想要妈妈而已。

要为孩子立界线

我见过许多孩子，因为没有被设限而不快乐。你可能会问，如果他们真想被限制，那么为什么一开始要挑战限制？道理很简单，因为挑战限制是孩子寻找界线的方法。好动是孩子的天性，他们想看到所有能看到的事情，比如想爬到屋顶上、想把手指放到洞里、想在拥挤的商场里奔跑。

“学习”，他们的小脑袋这么说，就像你需要以此为生般一直学习。与此同时，他们也要知道自己可以走到哪里。当你还小时，会认为世界是个可怕的地方，所以你需要知道在你走得太远时，有人会把你拉回来。如果不为孩子立界线，他们的世界将变成一块未知又吓人的地盘。也因如此，他们不屈不挠地往前冲，直到撞上界线为止。**如果你不为孩子立下界线，你将花费大量时间追逐他们。**

以下这一点很重要，你需要记住：如果你采用了任何一种行为管理工具，那么孩子的不良行为在有所改善之前，都会变得更糟糕。

为什么？因为孩子遇到了之前所没有的限制，他们会尽可能地摇晃它、移动或者破坏它。如果可以移动或者破坏，那他们下一次就会晃动得更激烈。如果界线很稳固，他们就会停止动作。虽然他们会吵闹一阵子，但终究会停止。

如果你立下界线，无论如何都不要移动它或者弯曲它。你要为接下来更频繁出现的不良行为做好心理准备，更要用坚定意志保证你立下的界线不被移动、弯曲或者变形。还有，你永远都不应该向“恐怖分子”妥协，决不。如果一开始，你就和孩子陷入长期协商中，那么你就已经身处在疯狂的边缘了。和孩子进行无休止的协商，只会滋生挫折、喊叫和不良行为。

我告诉父母的简单规则，来自于行为管理书籍中最典型的做法：

步骤 1：礼貌地要求孩子做必要的事情。

步骤 2：如果不可行，就用“我做主”的坚定语气告知。

步骤 3：如果他们还是不服从，那你就要采取行动。

当然，在步骤 3 所做的事情，你得视情况而定。

在这一节中，我们将运用两个技巧：第一，有效利用贴纸图；第二，当孩子出现不良行为时，暂时“中场休息”或不屈服。许多父母认为他们已经用过这些工具，但我知道他们实际上并没有。无论你的过往经验如何，接下来我都会告诉你该如何有效地利用这两个技巧。

如何让贴纸图有效管理孩子的行为

很多人觉得贴纸图是个无趣且冗长的方法，而且曾经试过，却不奏效。这些人认为贴纸图不过是贴放在一张纸上的贴纸，于是通常只做一张图表，然后还忘记在上面贴上贴纸，以致最后整张纸丢失，直到多年后搬家时才发现它的踪影。实际上他们并没有让贴纸图发挥它应有的作用。使用贴纸图的一个好处是，它会提供一个清楚的框架。恰当地利用图表，不仅可以鼓励孩子培养良好行为，而且可以惩罚他的不良行为。贴纸图设定如下，请参见表 6.1：

	星期一	星期二
起床～08：00	😖	☹
08：00 ～ 10：00	☹	✕✕☺
10：00 ～ 12：00	☺	☹
12：00 ～ 14：00	✕✕☺	☺
14：00 ～ 16：00	☺	☺
16：00 ～ 18：00	☺	✕✕☹
18：00 ～上床时间	😖	☹

表 6.1　贴纸图示意

1. 设定行为考察期

每张图表上时间设定为7天，从星期一到星期日。

2. 划分时段

将每天分成7个时段，每个时段为2小时：

起床～08：00

08：00～10：00

10：00～12：00

12：00～14：00

14：00～16：00

16：00～18：00

18：00～上床时间

3. 根据孩子表现贴上笑脸、哭脸或划上叉叉

当每个时段结束时，如果孩子表现良好，就贴上一个笑脸；

如果有低于标准的行为表现，则立即贴上哭泣的脸；

如果有糟糕的行为表现，则划上大叉叉。

4. 标准要前后一致

关键在于标准要始终如一：为良好行为放上笑脸、为不良行为放上哭脸或大叉叉，尽可能保持标准的一致性。

5. 奖励孩子

如果在一天之内，孩子在7个时段里拿到5个贴纸，他们就可以得到1枚象征性的硬币。硬币可以累积，并且可以换取价值不同的奖赏，如1枚硬币可以换取1则床边故事，10枚硬币则可以去看1场电影。

如果一天中，孩子有一个大叉叉，那就不能得到硬币。如同贴纸一样，硬币应该是某种比较有个性的东西。

在我们家，它们是从手工艺品店买回来的、无论外观还是声音都很棒的小铃铛。你必须确保每个时段结束时回到贴纸图上，并且针对贴纸一事大做文章，正如当一天结束时，你结算硬币或铃铛一样。

在我们家，铃铛就是魔法和惊喜的代名词，是孩子渴望得到的东西。

6. 让孩子参与决定奖赏的内容

如果让孩子参与决定奖赏的内容及可换取硬币的数量，他们就会很投入，也会更有动力。

一旦孩子赢得硬币，你就不能再拿回来。既然是他们赢取的，他们就有权保存。

有些父母只有在孩子有非常明确的良好行为表现时，比如整理床铺和刷牙时，才使用贴纸图。

我个人则倾向于在固定的、以每两小时为一个时段里，直接针对孩子的良好表现给予贴纸。因为这样一来，你白天的时间就可以很有弹性，而且还能让孩子从每张贴纸中获得最大益处。

例如，与其说："玛莉萨，我已经说第五遍了，请你把玩具捡起来，好吗？"不如说："玛莉萨，如果我回来的时候，你还没有将玩具收好，那么你就不能获得一个笑脸。"

此外，它还能帮你适时阻止混乱。"好了，玛莉萨，你已经有了 2 张哭脸了。如果你想得到 1 个小铃铛，那么在今天剩下的时间里，你必须做个乖女孩才行。别忘了，只要再有 1 个小铃铛，你明天就可以去看电影了。"关于硬币的承诺，可以帮助处于"无政府状态"的孩子学会规矩，让他们乖乖听话。

如果利用贴纸图，你很快就会发现孩子赢取贴纸的动机和期望有多强烈。在孩子奇妙的世界里，仅仅只是贴纸，就足以让他们在妈妈数到“3”之前把鞋子收好。

神奇工具“1—2—3”：限时让孩子作决定

如果你经常从1数到3，那么说明你已经熟知“1—2—3”这种神奇工具了。但任何工具都只是基本配备，具体运用还需要技巧。“1—2—3”神奇工具的秘诀在于传递的方式。

它不主张大吼大叫，而是使用温和、平静、肯定的语气，先说出条件，然后数到“3”：

“珍妮，请你把鞋子拿起来好吗？”

“不要。”

“珍妮，如果我数到3，你还没把鞋子拿起来，我会在你的贴纸图上贴上一张哭脸。”

“但是，妈……”

“1。”

“妈，再等一下。”

“2。”

“但是……喔，好啦。”

咚，咚，咚。（脚步声）

如果在你数到“3”之前，他们就服从了，那最好不过；如果没有服从，那么接下来你就不应该继续数下去，而应该公布后果。

换句话说，当数到“3”时，无论孩子有没有服从你的意愿，你都要采取行动。唯其如此，孩子才会领悟“1—2—3”神奇工具的内涵，也才会真的相信它将奏效。也正因如此，当你数到“2”时，他们就会有所行动。

再次重申，诀窍就在于：温和、平静、肯定。“1—2—3”神奇工具的好处是，它能让孩子在明确的时间范围内作出决定（通常要3～5秒）。

用微波炉作为行为管理工具

听起来，这很有趣，而且似乎不是个好办法，但事实与你的想象截然不同。作为“电子版1—2—3”的神奇工具，它允许孩子在更长的时间内完成更为复杂的任务，比如喝牛奶。

此外，它还有一个好处在于，它的定时器到时就会自动报响。这样一来，你只需设下时限，告诉孩子他们拥有多少时间就可以了，省却了唠叨和倒数的麻烦。当然，为了加强情况的急迫性，你也可以催促和提醒孩子：“喔，不好了，只剩下60秒……59，58，57，56……”

身为父母，我和妻子曾经为早上花太多时间帮孩子换衣服而深受困扰。那时，每当给孩子换衣服时，我们经常感觉好像得花上一辈子的时间才能完成。更要命的是，你一边帮他们换衣服，一边还得唠唠叨叨。最令人心烦的是，学校的上课铃声从来不等人。

后来，我们告诉孩子，他只有5分钟时间可以换穿衣服。在他换好之前，我们会定好时间。如果在他换好之前，定时器响了，那么他的贴纸图上就会多一张哭脸。

结果，方法立即奏效。

当然，我们通常只会在需要孩子更专心的场合，以及不要让事情演变成争吵的情况下运用这种方法。因为我们知道如果滥用它，那它将沦为新的唠叨法。

这种方法生效的前提是，让孩子们对在完成任务前铃声响起所产生的后果感到恐惧。再次重申，贴纸图是很棒的工具，是可供谈判的筹码。当然，如果你有其他具有同样效果的工具，你也可以不用它。

“中场休息”法：不必体罚，也可处罚孩子

在上文中，我们谈论过转移注意力的方式。但值得注意的是，当面对诸如打架、没礼貌和摔坏东西等事情时，你无法也不应该转移孩子的注意力，而应果断地让他明白这些是不被认可的行为。

这时，也就到了中场休息的时候，即让孩子冷静思考。也许，你会抱怨说：“不要再来这些老套的东西啦，我们全都试过，但一点作用都没有。我们厌倦了中场休息，请给我们点新东西。”的确，我将给你们一些新东西，但那是针对年龄稍大一点的孩子（6 ~ 7 岁以上），而且会在下一节中提及。所以在此之前，我们先来看看中场休息这一方法是如何奏效的。

中场休息有无效果或者效果大小，与运用者的行为密切相关。为此，运用者应当依据孩子实际情况适当调整，才能让它奏效。要做到这一点，运用者必须切实掌握和灵活运用中场休息的基本原则。近几年，关于中场休息这一方法，大家普遍形成这样的共识：它不是处罚，而是给孩子提供冷静思考的机会。

> 当大儿子 4 岁的时候，我开始使用中场休息的方法。
>
> 我对他说：“你现在坐在这里，安静地想一想，假如我让你出去以后，你应该怎样做个好孩子。”
>
> 他冷静从容地看着我，回答道：“可是，爸爸，我不想想任何事情。”
>
> 听完他的回答，我忍不住笑出声来，自然也就破坏了所有的规则。

当中场休息是种处罚时，它的效果最好。因为以响应某种行为的方式，

给孩子足够的时间考虑，并决定值不值得这么做。的确，“处罚”这个字眼在当今已经变得很不流行。因为人们普遍认为表现积极和美好才是众望所归，处罚则让人厌恶。但现在，我仍认为“处罚”是个很不错的概念。

要让中场休息这种方法发挥作用，那就要求孩子必须讨厌中场休息这个概念。换言之，对他们而言，中场休息必须是项处罚。当然，孩子有权思考和保持冷静，但这不是问题的关键。问题的关键在于，你希望他们停下来。这也是为什么你要首先确认，运用这种方法是否对孩子有意义。

中场休息之所以会奏效，并不是因为它促使孩子不断思考（孩子不会做太多的推论，因为他们是非理性思考的），而是因为他们讨厌中场休息，因此不得不想出对策来阻止它发生，即使这样做意味着他们必须表现良好。

这并不是说你必须表现出恶意，在中场休息将孩子和蜘蛛一起装在盒子里，再放到床底下，而是说你必须确保整个过程毫无趣味可言。

让中场休息发挥作用的另一个关键因素是，运用次数必须频繁。这就意味着，首先，你要决定中场休息这种方法适合运用在哪些行为上；其次，每当这些行为出现时，你都要毫不犹豫地运用这一方法，直到孩子最终切实记住一个事实：每当他们表现出不良行为时，就得进行中场休息。

如何选择中场休息的时间与地点

很多时候，很多地方都适合进行中场休息，但又有不同的优缺点。以下是有效中场休息的时间秘诀：

1. 利用计时工具

利用“要求、告知、行动”规则，利用“1—2—3”神奇工具或利用微波炉计时器。

2. 不要与孩子沟通、互动、谈判

行动时，立刻停止任何谈判、对话、沟通，也不要与孩子有任何互动。

3. 标准一致

尽可能维持同样的标准。只有当孩子准确地知道，一旦他们表现出不良行为，就得进行中场休息，他们才会最终停止那种行为。

4. 冷　静

不要喊叫也不要发脾气，而是冷静且温和地告诉孩子现在开始进行中场休息。

5. 基本时间原则

中场休息的基本时间原则是 1 分钟 / 岁。如果晚上的情况很糟，你需要多休息一下以便让脑袋恢复理智，可以延长一点时间。如果孩子需要更多时间冷静下来，你也可以延长时间。

6. 让孩子与外界隔绝

如果你想让孩子待在另一个房间里进行中场休息，那么请用把门锁好。因为你需要在你们之间增加一些距离感，不然他仍会吸引你的注意力，而你还是会感到神经紧张。

7. 中场休息结束时才可以让孩子出来

一旦时间结束，当孩子可以出来时，假如他用力敲门，那么请等到他停止以后再开门，并且告诉他现在可以出来了；如果他还在发脾气，那就再等一下，因为只有在他冷静的状态下，你才能放他出来。

如果孩子仍然拒绝，那么请他再回到房间里继续中场休息。重复以上步骤，直到他让步。在他服从前，不要向他妥协。相信我，他会先让步。

8. 恢复原来的生活

当中场休息结束后，尽快恢复原来的生活。不要说教，尽快找到孩子的值得称赞的行为。这个时候，往往也适合运用“注意力转移法”。

以下是有效中场休息的地点秘诀：

1. 在椅子上或角落里进行

我不喜欢在椅子或角落进行中场休息，因为在那里孩子会不停地站起来，然后你就得命令他坐下去，但这是件困难的工作。但另一方面，只要你确认他乖乖坐在那里，不跟他进行任何互动，那么仅“无所事事，毫无趣味”这一点就足以让某些孩子难以忍受，所以也容易对他产生影响。

2. 在“沙发牢笼”上进行

为了方便进行中场休息，我将家中2张长沙发合并到一起，搬到房间的角落里，形成一个软性的牢笼。刚开始它的确起了作用，因为我再也不用反反复复把孩子拉到另一房间的角落里，在忽视他的同时监视他。孩子总有一天会长大，并且爬出沙发外。当他们第一次成功逃出“沙发牢笼”时，中场休息也就难以奏效了。

3. 在孩子房间进行

在这种场所进行中场休息，对有些孩子非常有效，因为他们最害怕的事情就是父母不跟他们互动，因此就会想尽办法阻止父母在此进行中场休息；但有些则不然，只要他们可以在房间里玩玩具，那么他们就会任由中场休息进行。

4. 在乏味场所进行

厕所、浴室和洗衣间都是进行中场休息的好地方，因为在这些地方，孩子们会无事可做，无聊到会完成你布置的任务。但需要注意的是，在着手进行中场休息前，你必须先把一切易碎物品移开，把所有食品锁起来，把卷筒卫生纸拿走。

5. 在非洲进行

中场休息在这个地方进行，发挥的效用非常大，但是代价也过于昂贵。一方面你很难说服孩子自愿坐上前往非洲的飞机，另一方面人他不喜欢接受任何疫苗注射，同时还存在被野生动物吃掉的风险，所以这个地点必须慎重选择。

总之，你必须把孩子放到一个无趣的环境里，以促使他为避免待在那里，学会服从或者表现出你乐见的良好行为。但就效果大小而言，有些孩子与你待在同一房间效果最佳，有些孩子则必须分处两室才最为适宜。

就个人而言，我偏好在分开且被限制的区域范围内进行中场休息。因为它意味着你可以停下来歇息一下，不用因为孩子的反应或表现而神经紧绷，更不必筋疲力尽地把孩子带到角落。当然，如果待在不同的房间里，那你和他就都有机会冷静下来。

引导孩子自娱自乐

孩子很喜欢规范。在上文中，我已经略微提及如何将规范运用在行为管理工具当中，但是孩子对于规范的需求并非仅此而已。任何时候，孩子都需要一个规范。如果没有规律和有序的家庭作息时间，那么不仅孩子会变得毫无目标、爱挑剔且爱发脾气，而且父母也会迷失方向。

凡事要有规范，并不是让你每天将时间划分为 6 等份，写成备忘录贴在冰箱上，而是说你必须拥有规律有序的家庭作息时间，即使在周末也是如此。起床、刷牙、吃早餐，再来点娱乐活动。你甚至不需要出门或者花太多钱，就能让孩子欣喜不已，比如说到附近公园散散步。碰到天气不好的雨天，你也可以带上孩子去博物馆。

其实，正因为感到无聊，孩子才会顽皮。对此，你可能并不认同。但我保证，假如你努力尝试带孩子出去娱乐一下，孩子会很开心，你也会深受感染。更何况，它还能预防幽居病（Cabin Fever，又名舱热症，一种由于长时间待在封闭空间内而产生的不安与易怒状态。——译者注），让你保持理性。

努力让孩子的生活充满趣味，并不是让你成为疯狂古怪的娱乐圈导演，将每天最后 1 秒钟都计划妥当，而是说你在努力策划和组织娱乐活动的同时，还应引导孩子学会自娱自乐。而这一切，都有赖于每天做些计划。制订基本日常惯例。离开沙发，然后找点乐子放松一下。

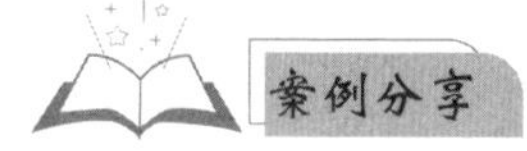

制定规则并要求他严格遵守

乔治的问题在于，他是个个性叛逆、行为无礼的孩子。因此他需要界线，以便改变不良行为。

为此，我要求阿黛尔首先必须做的事情是清晰界定不能接受的行为，并将它们依据“可以忽略、比较轻微、需要介入、比较严重”等不同程度分门别类。根据提示，阿黛尔将脾气乖戾、某些不重要的顶嘴以及暴怒划分为“可以忽略的行为”，将不愿服从、无礼和肢体上的冲突归结为“不能忽视的行为”。除此之外，她还把乐于帮忙、按时完成任务、与妹妹和平相处归为“良好行为”。

其次，阿黛尔还作了一个辅助计划。其中规定转移注意力，在乔治脾气过于偏激或有肢体上的冲突时，在洗衣房进行中场休息为日常事项。

在阿黛尔实施计划前，我提醒她在一切好转之前，要先做好执行计划之初，事情可能会变得更为严重的心理准备。因为乔治是个固执的孩子，绝对会竭尽全力去挑战这些新设下的界线，所以当新计划安排实施前期，孩子的不良行为将会加剧。

但我也请她不要过于担心，因为出现这种情况是很自然的事情，也是孩子学会辨识界线范围进而自我设限的有效方法。孩子尽力往前冲，只是想确定到底能不能破坏它。一旦失败，他就会安心留下来，探索界线范围里的一切。

与此同时，我告诉阿黛尔："最重要的是，从今天开始你必须下定决心，不再接受任何不良行为，不再忍受任何无礼或者不尊重人的行为。你首先把要求清楚无误地阐述一次，然后坚定地告知孩子必须遵守，最后则开始采取行动。"

阿黛尔点点头，答道："别担心，我明白了。"

有了界线与规矩后，孩子瞬间发生的迅速改变总是让我惊讶不已。乔治亦是如此。计划执行的前2天，他还因为打人或者跟说妈妈说话不礼貌，而有过几次中场休息。但是当在贴纸图上得了几个叉叉和哭脸后，第三天，他一早起床后，就决定遵守游戏规则，像变了个人似的。

"乔治现在就像个天使一样，"阿黛尔主动告诉我，"他整天都不停地问我，获得下一个硬币是什么时候。等到一天结束，拿到第1条饰带时（阿黛尔用小条的彩色饰带替代硬币），他脸上挂着骄傲的神情。看着他那样，我都感动得想哭。"

"太好了，"我回应她说，"做得好。"

"转移注意力的方法也很有效。"她接着说，"为什么在此之前，我都没有发现将注意力集中在顽皮行为上是件愚蠢的事情呢？"

"现在，还经常跟乔治谈判了吗？"

"没有了。不过针对某些事情，我们经常协商，然后双方作出让步，是真正的双方让步，而不再是我单方面的屈服。"

"嗯，"我说，"其实很多事情没必要争吵。"

“我知道。”

“那么现在，你们都变得更开心了吗？”

“是的，非常开心。现在，我们之间更加和谐融洽，90%的压力也都消失了。”

虽然如此，我们并没有就此停止进展。过了一段时间，等一切有了大的好转后，我和阿黛尔开始寻找一些弥补乔治缺失父爱的方法。借助上文中提到的几种行为管理工具，阿黛尔不再大吼大叫，因此更多专注于让乔治感到安心和放心上，乔治也因此更在意彼此间的良好关系。就我目前所知，他们现在相处得非常好，阿黛尔成为一个好妈妈可以同时身兼父母两职的有力佐证。反之亦然。

行为管理：贴纸图和中场休息

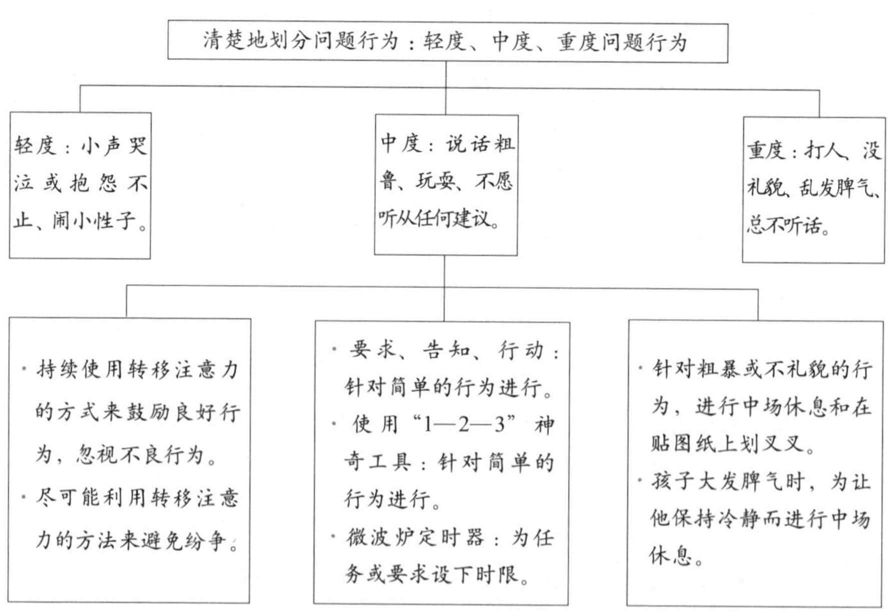

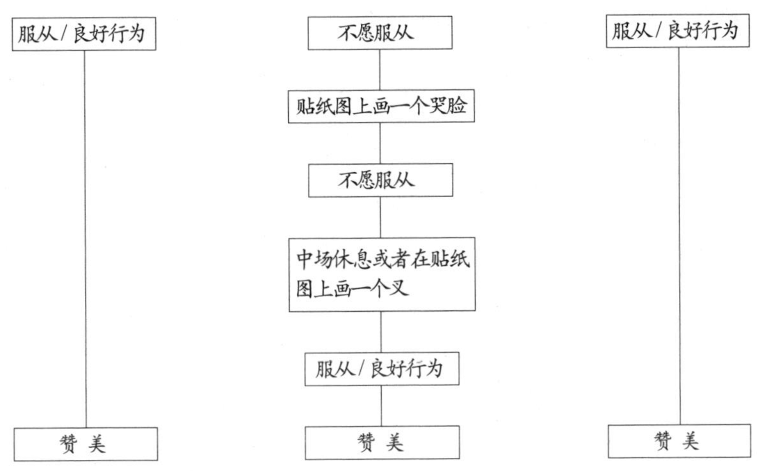

图 6.1　行为管理流程

从来没有"服从"的概念

家族成员	杰克（46 岁）、吉尔（44 岁）、奥利弗（10 岁）、杰米（8 岁）、塞缪尔（6 岁）、乔治娅（4 岁）
问　　题	家中无人会乖乖听话，打架和喊叫是常有的事。但现在家中一切正失去控制，简直成了"疯人院"。
备　　注	事情听起来一触即发。

当我还是个孩子的时候，我最痛恨的处罚方式就是早早上床睡觉。我清楚地记得，大概八九岁的某个晚上，我被送进房间，躺在床上，感觉自己是世界上最沮丧的生物。

多年以后，某天下午我会见了一个家庭。他们告诉我，因为中场休息对他们毫无作用，所以不愿再作尝试。我尽力想说服他们，但他们就是不采纳。我坐在椅子上为此思考了好一会儿，感觉有点被难倒了。然后，我想起小时候那个独自躺在床上、感觉糟透了的晚上。就这样，我突然有了灵感：时间阶梯。

我在许多家庭和不同的孩子身上利用这个技巧，至今已有15年。它真的很不错，不仅极易操作，而且见效快，能迅速改变家庭的状况，并保持成效。

听起来，这简直神奇得令你难以置信。如果是这样，那就请继续读下去吧！

这群男孩就是不听话

杰克和吉尔住在“战争区”里，从他们的双眼可以看出，他们过着非正常人的生活。不只是他们，孩子也是如此。紧张的情绪如此高涨，让他们看上去仿佛一辈子都处在战场前线一样。

除了小乔治娅似乎幸运地远离“战场”之外，男孩们看起来都既阴沉又不友善，身边似乎有一缕缕硝烟升起，预示着有什么事情要发生了一样。见此情景，我甚至不敢开口提问，但我深知胆小的人不会成功。于是，我向男孩们打招呼：“你们看起来就像一堆穿着宽松垮裤和T恤，还没有爆炸的炸弹一样。”

听完我的话，两个年龄较小的男孩笑了，但是10岁大的奥利弗给了我一个很轻蔑的眼神。借此眼神，他向我表明他有权对我表示无视，也不会因为我简单的伎俩而就此就范。

“你在家是这样练习的吗？”我问他。

“什么？”他一边冷笑着，一边问道。

“就是你脸上现在那种轻蔑的笑容，那种……”我一边说着，一边夸张地做给他看，“……那种扭曲着嘴唇的模样。我是说，这是你故意做出来的表情，还是你的嘴唇刚好黏在牙齿上？”

杰米笑了，但奥利弗却气冲冲道：“闭嘴，你这死娘娘腔。”

“奥利弗，”杰克用带点犹豫的口气阻止他说，“不要这样跟你弟弟说话。他可是你弟弟，这样不好，你可以好好说话的。”

“他不应该像个娘娘腔。”

“奥利弗，”吉尔也插嘴说道，“不要再说了。”

奥利弗一脸不满，小声咕哝着说：“闭嘴。”

“你说什么？”我问他。

他看着我，不到1分钟后用不可一世的语气问道：“什么？”

“你刚才是不是叫你妈妈闭嘴？”

“那又怎样？”

见他如此无礼，我把身子往前一倾，压低声音对他说道：“知道吗？奥利弗，我刚认识你不久，但已经觉得你是个非常没有礼貌的男孩了。不过没关系，因为我已经习惯和没礼貌的孩子相处了。”

我接着说：“等我们多相处一段时间，彼此相互了解以后，我会找出原因。目前我可以暂时不介意你的无礼，但不是永远，只是暂时而已。但在我的房间里，没有人可以对他的妈妈如此无礼。所以，现在你要么跟你妈妈道歉，要么离开这里。”

说完，我镇定地看着他，等待他的反应。正面交锋的是我俩，可最终结果只有一个。

“我才不要离开，”他显然有些掩饰地答道。

听他如此回答，我再把身体往前倾了倾，然后微笑着说：“奥利弗，如果你不想离开，那么你现在要么跟妈妈道歉，要么跟我一起解决你的问题。”

在某种程度上，我并没有太多讨价还价的余地。因为一旦奥利弗拒绝我的要求，那我也无法暴打他一顿。所以，我只是简单明了地向他传达一个信念：会有事情发生。

果然，奥利弗转过身去，对着他妈妈，极不情愿地说了声："对不起。"

这已经足够了。

"好的，"我说，"这也是问题的一部分吗？"

吉尔点点头，答道："是的，经常发生。"

"他都这样跟你说话？"

她点了点头，说："这还不算最糟糕的呢！"

"那你们在家都怎么办？"我问道。

"能怎么办，只能大喊大叫，大声制止。"杰克回答说。

紧接着，杰克和吉尔又向我更详细描述了孩子们的状况。我这才知道，原来我低估了整件事情的严重性。因为孩子们不肯听话、经常打架、对父母无礼，所以杰克和吉尔每天都得大吼大叫，事情也因此变得一发不可收拾。由于经常在家，吉尔的遭遇更为悲惨。当然，杰克也有好不到哪里去。

"奥利弗好像很痛恨我们，"杰克说，"我也不知道为什么。"

我一边听着杰克的倾诉，一边看了一旁的奥利弗一眼。他正坐在椅子上，翻着白眼，嘴里"哼"了一声，但并没有咕哝什么。看来，他至少已经学会了不在我面前这么做。

"我们试过各种方法，"吉尔说，"试过中场休息、拿走他的东西、不让他做某些事情，所有方法都试了，但对他一点影响都没有。"

"那其他孩子呢？"我问。

吉尔叹了口气说："他们现在都感染奥利弗的坏毛病了。"

因为模仿奥利弗，其他孩子也同样不懂得尊重和服从，其中以乔治娅最为严重。虽然她只有 4 岁，但如果不做些改变，她很快也会变得像奥利弗一样。看起来，一切似乎都是集中在奥利弗身上，但我觉得这样并不公平。更糟糕的是，他和他的父母让彼此深陷充满冲突的行为模式里。这不是一件好事，因为接下来几年，奥利弗会很需要他的父母，所以他们现在必须打破这种模式。

做了点预备阶段的侦察功课后，我发现所有孩子的房间里都有电视机，其中两个年长的男孩还各自拥有一台电动玩具。

“通常，你们放学后几点到家？”我问他们。

“下午3：30左右。”

“那通常，你们几点上床睡觉？”

“19：00……20：30……”年龄较小的男孩是晚上7：00，奥利弗则是晚上8：30。

“好，现在请你们这些小朋友离开，让我跟你们的爸爸妈妈谈谈。”

听完我的话，孩子们乖乖离开了，包括奥利弗。

“看起来，你们两个累坏了。”孩子们离开之后，我对杰克和吉尔说。

“的确是，”杰克说，“不只我们，就连孩子们都觉得我们家是个可怕的地方。每天，我们都得对着他们大吼大叫。”

“我们真的需要一些帮助。”吉尔说。

“好的，”我说，“如果我告诉你们，我们可以在48小时之内，最多72小时内，让情势扭转，你们会有兴趣听一听吗？”

他俩用怀疑的眼神看着我，欲言又止，显然很有兴趣。

终于，杰克发问了：“我们该怎么做？”

“你们需要准备一些纸张、一个冰箱用磁铁、一个微波炉以及20分钟左右的时间。”听完这个，他俩更是皱起了眉头。

“让我跟你们聊聊时间阶梯。”我说。

问题在哪里？

杰克和吉尔陷入了常见模式之中：因为孩子的不良行为而神经紧绷，以致总是对孩子大吼大叫。殊不知针对父母的失控行为，孩子会用更剧烈的方式作为回应。结果，所有一切都陷入混乱：孩子的不良行为让大吼大叫的父母感到神经紧绷，父母的大吼大叫导致孩子焦虑不安，进而更加不守规矩，反过来又加剧父母的压力与担忧。

因此，杰克和吉尔需要一种不用吼叫和争辩、毫无压力却又有效的管教方式。如果不朝这个方向作出改变，那么情况就会越演越烈，让每个人都伤痕累累。

什么是“时间阶梯”？

首先让我先解释一下时间阶梯该如何进行，然后再来讨论它为什么会奏效。运用这种方法的必要条件是：孩子的年龄要足够大，且必须有时间观念。

1. 在纸上画一个如图 6.2 所示的时间阶梯

时间阶梯最上方从孩子平常的睡觉时间开始写起，以 30 分钟为间隔，逐层由上而下，一直写到孩子放学回家的时间为止。如果孩子

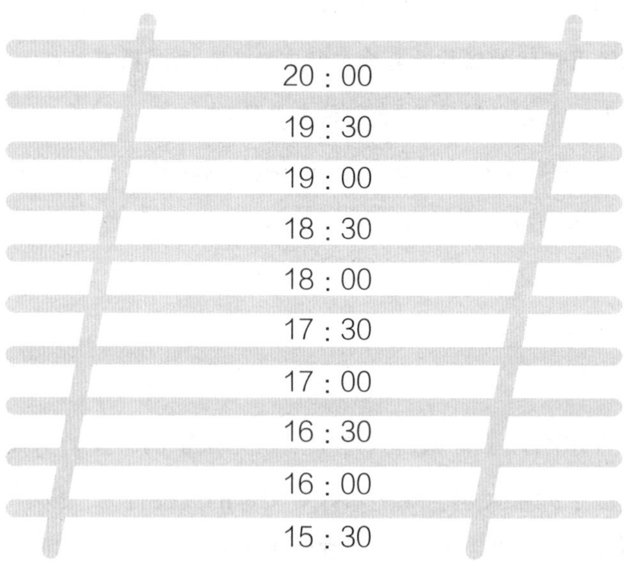

图 6.2　时间阶梯

年龄较小，你可以将每层阶梯的时间间隔改为10～15分钟。

2. 将时间阶梯贴在醒目的位置

将时间阶梯贴在大家都可以看到的冰箱上。

3. 确定“旗帜”的初始位置

将磁铁放置在图表最上方，作为告诉大家睡觉时间的“旗帜”。其中，每个孩子都要有属于自己的磁铁或者“旗帜”。

每天都从最上方的时间开始（示范图表中的时间是晚上8：00）。

4. 移动“旗帜”

每当孩子表现出不良行为时，将旗帜往下移1级；假如不良行为没有在规定时间内停止（通常是采用“1—2—3”神奇工具计时），再将旗帜往下移1级。

同样，如果在某段时间范围内，孩子没有完成你规定的任务（最好用微波炉定时器），将旗帜往下移1级。

继续把旗帜往下移，直到孩子听话或者旗帜已移到最底层为止。这时，要求孩子去睡觉。如果旗帜下移到下午的3：30，又正好是当下时间时，要求孩子进房睡觉。

5. 提供补偿性工作

如果由于提早上床睡觉，孩子失去了一些时间，可以提供一些补偿性工作，让他们赢取将旗帜上移的机会。

6. 适当奖励

如果一整天孩子的表现都很好，没有失去任何时间，那么用特别的鼓励来奖赏孩子。同样的原则，也适用于每周表现和持续时间表现。就具体时间间隔而言，你自行决定，可以是连续几天，也可以是十几天。

但一旦达到时间限度，要保证孩子可以获得更大的奖赏（记住：

时间间隔应该稍微大点，但必须是孩子可以达到的范围)。

一开始，你可以将时间间隔设定为 2 天，等到孩子行为有所改善后，再逐渐增大时间间隔。

补偿性工作，帮孩子脱离“负循环”

补偿性工作对时间阶梯的成效有非常重要的影响，也是孩子脱离负面循环，迈向正面表现的工具。补偿性工作的目的，在于鼓励孩子作出良好的行为表现。以下是某些可以作为补偿性工作的例子：

- 打扫车道
- 清空洗碗机
- 晒衣服
- 整理自己的房间
- 用吸尘器吸地
- 替刚刚被自己欺负的兄弟姐妹做些事情

让孩子自主选择哪一项补偿性工作非常重要，因为自主选择可以强化他的服从性。为此，父母可以准备一小盒卡片，每张卡片上分别写上不同的补偿性工作，以及进行该项工作时所需的步骤与方法。比如清空洗碗机的步骤如下：

1. 小心拿出每一只碗碟。
2. 确定它们是干的。
3. 把它们放到适当位置。
4. 关上洗碗机。
5. 擦干椅子上任何水迹。

表面上看，这或许有点像在卖弄学问。但如果不这么做，事情很可能陷入困境，因为你和孩子会为完成任务的标准而相互争辩。有了卡片，有了具体步骤和方法，再对照孩子所做的，答案自然不言而喻。比如说，假如椅子上还有点水，你只要说“做得不错，但是你忘了第 5 个步骤。等你做好了告诉我，我就会帮你把旗帜往上移”就可以了。

当然，有些工作可能会更为复杂和困难，比如打扫房间，那么这时奖赏就可以是一次往上移 2 个层级（1 小时），而像打扫车道，则只移动 1 级（30 分钟）就行。具体奖赏，还需视孩子的年龄而定。

当孩子完成了补偿性工作以后，你要即时大方地给予赞美，并让他觉得不再乱使性子而是跟大家站在同一阵线是件很棒的事情。

“是的，但就算我这样说，孩子们还是不愿意提早上床睡觉。”当我跟一些父母谈论时间阶梯时，我最常听到的回应就是“是的，但是……”对于某些父母，尤其是经常在家里大喊大叫或有失控行为的那些父母来说，他们担心被孩子拒绝而害怕尝试。更糟糕的是，有些父母确信自己无法让孩子乖乖上床。

如果你现在跟上述那些父母一样，那么“时间阶梯”将会是最适合你的工具。因为目前你的孩子正占据优势，正在主导家庭大战，如果你不希望由你的孩子自主决定做或者不做什么，不希望发生严重的家庭灾难，那么你需要借此重新找回主动权。否则，事情就会越来越糟糕。

在这种情况下，你只有一种办法，那就是向你的孩子表态，自己才是决定他如何行动的人。假如你现在要求他立刻上床睡觉，他就得马上上床睡觉。如果他抗拒，你可以直接把他拉到房间里去，你还可以拿把椅子，一整晚坐在他的房门外。总之，你要用行动告诉他，除了服从之外，别无选择。

所以，如果到了旗帜上的睡觉时间，那他就必须去睡觉。当然，没有孩子会在下午 3：30 就乖乖地躺在床上，但是他可以换上睡衣、待在自己房间。他当然可以用晚餐，只不过必须待在房间里而已。

也许你会觉得这样有点残忍和困难，但是只要想想，假如你的孩子准备跳进一个满是大白鲨的水缸里，你能不阻止那些大白鲨吗？答案自然是肯定的。其实，让孩子服从也是如此。假如你要求，他就会做；假如他不做，那你再命令他做。

如果他不愿上床，你可以拿走任何属于他的东西。你可以拿走他房间里的一切，只留下床垫，直到他服从后再将一切归位。"现在该上床睡觉，"就是指现在必须上床睡觉。

你随时记住，你的孩子没有固定收入、没有独立的交通工具，也没有财产权，他的一切都是你给的。如果你意志坚定，就可以让固执的小家伙的生活变得荒凉又无趣。不要让步，他会衡量得失。

像机器一样执行计划

"时间阶梯"能够多快发挥效用，关键在于你应用的方式。其中的诀窍非常简单，那就是**你必须像台机器一样执行计划**。也就是说，家中不会有争吵、争辩或吼叫等，有的只是时间阶梯。你和孩子各守其职，他的职责是遵守规矩，而你只要负责将旗帜往上或往下移动即可。如果孩子表现良好，那就没有问题，反之则上床睡觉。总之，一旦实施阶梯的计划和规则，你唯一需要做的事情就是移动旗帜。抱怨、争辩和不断的口头警告统统都需抛弃掉。

因此，**必然性是时间阶梯的关键**。如果你曾经陷入各种与行为表现相关的争吵和争辩中，那么现在就应该停下来。只有从所有纷争中走出来，你才能应用这项工具，进而解决问题。

具体而言，如果你要求珍妮停止尖叫，但她没有这么做，那么你要再次提醒她停下来。如果她还是没有停下来，那么你就将旗帜往下移 1 层。如果珍妮开始嘟囔不公平，你只要告诉她等数到"3"时，她就必须停下来，否则你将把旗帜再往下移 1 层。接着，你就开始数："1、2、3。"如果她还是没有停下来，你就把旗帜往下移 1 层，然后再数 1 次。没有争吵，没有争辩。

如果你为某项任务设下了时限，那你只要在微波炉上定好时间，然后把一切唠叨、提醒、威胁抛之脑后即可。如果时间到了，你就将旗帜往下移动1层，然后再设一个较短的时间。如果孩子抱怨不公平，你只要说“不要争辩，去跟微波炉说”，接着就回头继续阅读报纸，忽略孩子的哭泣和抗议，直到微波炉的声音再次响起，然后把旗帜再往下移1层，再订一次时间即可。

如果孩子知道没有争辩的余地，没有任何方式可以阻止旗帜下移，那他就会服从或让步。只要你已经做好让孩子每天下午3：30就上床睡觉的准备，我敢保证只要进行2～3次“时间阶梯”，你就可以大获成功。过去15年里，我都在运用这种方法，让最固执的孩子在僵持不到4天后，学会了服从或让步。也许你会问：为什么这么简单的工具会有这如此大的功效，可以减轻家庭压力呢？这其中的原因有许多：

首先，它使父母保持冷静。这种方法让父母从负面情绪中抽离出来，保持超然的冷静。为此，家里不会再有吵架、喊叫、扭打、中场休息甚至威胁，有的只是一面小小的、安静上下移动的旗帜而已。如果父母能够冷静下来，并确信自己能掌控全局，那么就可以更有效地掌控当下情势。

其次，它教会孩子对自己的行为负责。因为再也无人争辩、无力反抗，也毫无必要使性子。但无论孩子选择什么，他都将为自己的决定承担不可避免的后果。

再次，它教会孩子管理自己的情绪。对所有孩子而言，自我安慰是一项重要技能。因为它能让自己冷静下来，认真思考自身行为，并作出适当决定，走出负面循环。“时间阶梯”让孩子学会这项重要技能。因为如果他不冷静下来，就会从下午4：00起，躺在床上反省某个决定。

最后，它提供机会，让一切回到正面循环中。借此，你不再需要通过唠叨或责骂来迫使他做事，他将会自主作出决定。如果他不想做补偿性工作，那将无法阻止旗帜往下移动。

罚孩子早睡，让他们学会服从

当详细具体地向杰克和吉尔介绍完时间阶梯的内容后，我坐回原位，并询问他们有什么想法。

“我喜欢这种方法。”吉尔回答。

杰克也点点头说：“我也是，它听起来似乎很棒。”

“很好，”我说，“如果你们都觉得方法可行，那么现在就回家，画好梯子，向孩子们解释清楚后，便开始行动。”

“好的，”吉尔说，“我们会这么做。”

“但是记住，”我说，“在具体执行时，你们一定要像台机器那样自动前进。先是设下条件，接着就只是移动旗帜。不要吼叫、争辩或抱怨，只是提出要求，剩下的事情就全交给阶梯去完成。”

听完，杰克笑了笑，说：“看来在20岁之前，奥利弗都得早睡了。”

“如果你们做好了让他20岁之前早睡的准备，那么我想你大概只需进行2次‘时间阶梯’，就能成功了。”

事实上，奥利弗比我们想象的要顺从，而他的弟弟杰米才是最固执的孩子。第一个晚上，奥利弗只比平常提前1个小时上床睡觉，而杰米却在下午5：00就被责令进房睡觉了。第二个晚上，奥利弗只提早了30分钟睡觉，而杰米则在下午4：30就被惩罚早睡了。

一个星期下来，奥利弗和弟弟塞缪尔都表现得很不错。8岁的杰米则花了更长的时间适应，但最后也成功了。7天之内，3个男孩都因为没有损失掉任何时间得到了特别奖赏。奥利弗和杰米偶尔还是会犯错，但次数很少。

由于小乔治娅年龄太小，不适合用“时间阶梯”的方式管教，于是杰克和吉尔采取了注意力引导、转移注意力和贴纸图的组合方式加以引导，结果也非常令人满意。不用说，他们肯定也对年龄较大的孩子们运用了注意力引导和转移注意力的方法。

2 个星期之后，我再次和他们见面。这次，他们看起来好像变了个人一样。家庭的紧张气氛已消失殆尽，男孩们看起来青春朝气，奥利弗甚至还给了我一个很酷的微笑。

“简直就像奇迹！”吉尔说：“一切都变得好多了。我们不再吼叫或吵闹。现在，我觉得待在家中真是件很不错的事情。你说是吗，奥利弗？”

奥利弗耸耸肩，没有回答，但也没有任何尖锐的话语。

后来，我们又进行了几次交流讨论。交流的重心是，如何让他们形成更强的家庭向心力和凝聚力。因为我特别希望杰克和吉尔掌握适当的技巧，以便继续和孩子们建立良好的关系，并有针对性地治愈孩子们曾经遭受的伤害。当然，对于这个家庭来说，最值得高兴的事情就是，他们不仅不再彼此吼叫，而且还会花更多时间对话交流。

让孩子学会服从的几个要点

1. 当家里出现吼叫不断的局面和负面情绪时，就使用“时间阶梯”吧。它是立即赶走压力，并让孩子短时间内服从的有效方式。
2. 与其他方法一样，使用前你首先得明确地界定出你希望或不希望的行为表现。
3. 记住，关键在于计划的必然执行。
4. 每天都从最上层的阶梯开始。
5. 要求、告知、行动；利用“1—2—3”神奇工具或者“微波炉定时器”的方法。

6. 对于不愿服从或者轻度问题行为，让孩子失去半个小时自由时间；对于诸如侵略性或者没礼貌之类的重度问题行为，让他们失去 1 个小时自由时间。
7. 不要吼叫、争吵或者争论；只是像机器人一样警告、等待，然后移动旗帜。
8. 如果他们强烈反驳或者抗议，就数 3 下，然后移动旗帜。
9. 当旗帜移至睡觉时间时，命令孩子立即上床睡觉。
10. 利用前面提到的卡片，给他们提供补偿性工作以获得赢取时间的机会。
11. 事先决定旗帜连续几天完全没有移动，或者只移动半小时的情况下，可以给予的特别奖励或特权。

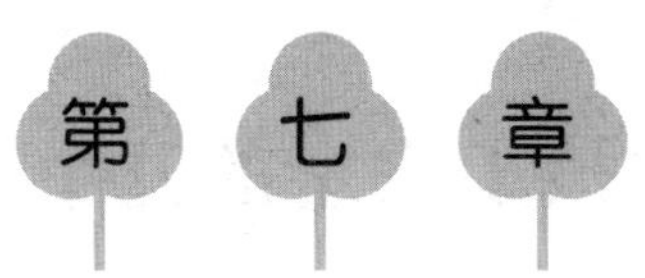

第七章

保护孩子安全，一要得法，二要适度

不要过度担心孩子的安全问题。否则，不但于事无补，不能控制事态，反被恐惧控制。

关系、倾听、沟通，是保护孩子安全的前提条件。

告诉孩子，他的身体里有个“警铃”，可以帮助他判断某件事情正常与否。

保护孩子安全的几个要点

在我的职业生涯里，曾经遇过一些相当独特且有趣的人。其中有些人本性善良，有些人则不然。有些人甚至在与我见面时，正被关押着。之所以会和他们见面，大都是因为他们对孩子做了不正确的事情。

接下来，我将会谈到保护孩子安全的基本原则。它们是我深入调查了解犯罪者与受害者后制订而成的，是我保护自己孩子的一贯做法。

当然，这些只是一些注意事项，而非全部安全须知。因为如果在安全方面顾虑重重的话，你将会变得既疯狂又偏执。

保护孩子的安全

所有父母都会担心孩子的安全，这和居住地区不无关系。但请相信，这个世界大部分地区是安全的，大部分人是善良的。

如果说有人有理由表现偏执和认定孩子需要过度保护的话，那这个人一定是我。因为在过去 16 年里，在深入调查了解受虐孩童和施虐者过程中，我曾经目击众多发生在孩子身上的最悲惨的事情，也和施虐者一起就此深谈过。因此对我而言，这些吓人的家伙不只是电视上新闻插播的主角，而且还是我熟知的人。我知道他们使用的各种假名、家庭住址甚至身体气味。

但是表现偏执和过度保护孩子这两种偏激行为，我一样都没有。早上把孩子送到学校门口，我不会夸张地叮嘱他。他可以到朋友家玩，明年可以开始学习踢足球，或许还会尝试一些新鲜事。即使我小儿子所上的幼儿园名声欠佳，但我也不会再三叮嘱。平常，我也会带他们去游乐场玩耍，虽然会事先告诫，但不会想方设法让他们随时都待在我的视线范围之内。有时，当我们星期六早上在海滩上散步时，他们甚至还会和牵着一只长相奇怪的狗的陌生人说话。

在过度顾虑安全问题的情况下，你很容易禁止孩子做所有看上去有安全风险的事情，甚至发展到不允许孩子呼吸的地步。在我家里，许多物品上都设有塑料制的安全防护插座。但每次我一看到它们，就感觉自己像被愚弄了一样。因为即使没有它们的保护，我的父母还是一样把我们 4 个孩子安全带大。而且最要命的是，当你想插上吸尘器的插头时，你得费尽力气先拔下这些安全防护插座。所以不要过于担心，大多数时候事情的结果并没有你所想象的那么糟糕。

怎样知道孩子安不安全?

为了让你对此有更进一步的了解，我将为你提供一些入门秘诀。在保护孩子安全方面，它们都是不可或缺、实用且又不偏执的指导方针。

关系就是关键

在第二章中，我针对与孩子有效沟通的议题提出了一些基本方法。这些方法全都适用于安全问题。保护孩子安全最重要的前提条件是，让他们觉得你是一个很好的聆听者，可以跟你无事不谈。一旦你尝试这么做，你就永远不会停止这种有效沟通。因为在跟你倾诉和沟通前，孩子必须确信你会倾听，而且会帮助他们解决任何问题。所以对孩子的喜恶、朋友、嗜好了解得越多，你就越能阻止问题的发生。相反，如果总是太忙以致无法关注孩子，那么你就很难发现事情有何改变。

倾听孩子说话

聆听孩子的烦恼非常重要，因为有时问题虽然很严重，但却以十分低调的方式呈现。所以如果你的孩子很不愿意去拜访某些特定的人或者地方，那么你应该花些时间来找出原因；如果你的孩子原本性格快乐开朗，最近突然变得不愿上学，或者在学校惹麻烦，那么你也应该找出背后的原因。

总之，**所有行为都是一种沟通，都可能是孩子告诉你，他们不喜欢事情的某些方式。**

相信你的直觉

坏人不可貌相。事实上，在过去和加害人接触的过程中，我只看过一些真正长得像坏人的人，其他人则不然。他们看起来像公交车上坐在你隔壁的人，或者在银行里与你说话的人，甚至是晚上睡在你旁边的人。

因此识别坏人实在不是一件容易的事情，你需要做的就是随时相信自己的内在直觉。如果你对任何人或事心存一点点怀疑的话，那么请倾听你的内心，然后采取必要的行动以确保孩子的安全。

当然，如果你生性不信任任何人或事，那就不适合采用上文所说的方法。

此外，还需要记住的是，陌生人只不过是可能对孩子进行性骚扰的一小部分人群而已。事实上，孩子们受到的伤害大多来自熟人。这么说并非让你变成偏执狂，去怀疑周围的每一个人，而是说当你怀疑一个人时，你可能需要专业上的协助。但不管怎样，你应该学会聆听自己内在的心声。如果心存怀疑，那么不管别人怎么说，请信任直觉。

参与孩子的生活

有时让别人（如老师、课后辅导员、家教和保姆等）替代你养育孩子或许很诱人，但无论如何你至少应该参与部分教养。这并不是让你以参与教养和保护孩子的安全为由，过度干涉孩子的自由，而是说尽量多陪陪他。因为在培养孩子独立性，你并不希望成为过于被动的父母。

询　问

询问是一项简单的技巧，只要开口就行。找一个安静、合适又有建设性意义的时刻，比如说坐在海边的石头游玩的时候，或者是一起蜷缩在沙发上看电影的时候，向孩子发问：

"小家伙，你开心吗？"

"你现在有什么烦恼吗？"

值得注意的是，提问时你最好保持放松低调，而不要表现出侵略性。如果你的孩子回答说"很开心"或者"没什么烦恼",那么你就给他一个拥抱，然后说"很好"就行。

当然，你还可以询问他，当有烦恼的时候，他会跟谁倾诉。如果他的答案是"会跟你说"，那自然最好；如果不是，那你就向他传达你希望他能跟你倾诉的意愿；如果他说不知道，那么你就直接告诉他，当有烦恼时他随时都可以找你，因为父母往往能够帮助孩子解除烦恼。

总之，保持轻松低调，不要有压力。

教孩子学会聆听内在的警铃

这么多年来，我参与过许多维护孩童安全的教育训练，但最喜欢的往往是些简单的处理方法。因为对我而言，那种让孩子思考当陌生人触摸自己下体时，该如何应对的方式实在有些过头。

相反，我喜欢的教育方式是，告诉孩子，他们的身体里有个"警铃"，它可以帮助他判断和决定某件事情正常与否。由于这种方法非常简单，所以即便是四五岁的孩子也能够马上理解。

当你问孩子们，假如有只毛茸茸的小猫咪坐在他们旁边，他们的警铃会不会响时，大多数孩子都会回答说"不会"；但当你问有只鲨鱼坐在他们身旁，警铃会不会响时，大多数孩子都会用最大声音叫喊着回答说"会"。同理，你也可以预设几种情况，然后问他们的警铃会不会响：

年龄较大的孩子在学校推了他们

老师和他们一起阅读

爸爸或妈妈拥抱他们

家中小狗舔了他们的脸

陌生人让他们上车

陌生人让他们走近车子

学校的朋友让他们帮忙拿走别人的早餐

朋友给他们一个拥抱

学校里有人让他们把裤子脱下来

有人给他们一个讨厌的拥抱

有人给他们一个恶心的吻

有人让他们不要跟爸妈说某件事

这些都是你可资利用的、让孩子练习聆听警铃的情境。当然，如果有必要，你也可以加入一些有趣的情形，提高他们练习的兴致。

得到他们的肯定回答后，你再通过“如果你的警铃响了，你该怎么办？”的提问方式，鼓励孩子尽可能思考一切解决问题的方式。当然在此之后，你应当告诉他们：碰到这种情况，当他们在学校时，可以向任何老师求助；当他们独自一人时，可以在附近找一家商店，然后请店主帮忙联络父母。最重要的是，你要告诉他们，无论遇到什么问题，问题有多严重，都要让父母知道，因为爸妈总能帮他们解决。

当警铃响起时，教育孩子应该表达什么以及如何表达也是很重要的一环。方法很简单，你只要问他们：

“假如在学校里，有人说了或者做了你不喜欢的事情，你的警铃响了后，你会怎么做？”

“告诉老师。”

“很好，哪个老师呢？”

“我的老师。”

“很棒。但如果她不在呢？”

“那就跟在游乐场的老师讲。”

“太好了，那你会怎么说呢？”

“我会说我的警铃响了。”

“你还会跟他们说什么呢？”

“嗯……我不知道。”

“你会跟他们说发生了什么你不喜欢的事，然后问他们可不可以帮你？”

“嗯，对。”

“那么，你会怎么说呢？”

“我告诉他们发生什么事，然后请他们帮忙。”

“太棒了，非常好。你真了不起，那你还会跟谁说呢？”

“你。”

给孩子一个拥抱，然后继续说：“没错，因为我的工作是什么？”

“帮我解决问题。”

由此可见，让孩子练习如何发出警铃信号非常重要。因为孩子通常能立刻识别事情正常与否，但却很难形容和描述困境。借助警铃方式，他们就不再需要凭借描述发生的行为来引起他人的关注，而只要发出警铃响了的信号，然后让大人去解决问题即可。

如果孩子对你说警铃响了，该怎么做？

教会孩子学会发出警铃信号之后，最重要的事情就是给予孩子专一的注意力。因为它能让孩子确信，你不仅正在认真聆听他们的烦恼，而且还会抛下一切事情来全力帮助他们。

无论孩子警铃因何而响，你都应该表现沉着冷静。哪怕此刻惊慌失措，也尽量先保持镇定，事后再私下作出激烈反应。因为孩子需要确信大人拥有一切主导权，而且时刻知道该怎么做。

也许孩子的警铃只是因为一点小事而响（“爸爸，乔丹叫我屎蛋”）但是你还是需要让他进行适当的练习，以预防哪天他因为更严重的事情向你求助（“爸爸，乔丹要我跟他结婚，然后退学去做流浪诗人”）。说到这你应该很清楚了。

你可以在哪些地方寻求帮助?

如果你的孩子曾经向你倾诉过诸如伤害之类的重大烦恼，那么你可能需要寻求专业帮助。其中，最简单且最好的方式就是打电话。你可以打电话去很多地方寻求建议，无论它们是政府组织还是私人机构。

从公共机关到私人企业，只要是工作与孩子相关的地方，总是能给你提供一些有益的建议。如果你不确定该给谁打电话，那么就拿出电话簿，找些看起来比较接近的名称，然后打电话给他们。即使他们不是你要找的或者可以提供帮助的对象，也可以为你指引正确的方向。

所以问题的关键不在于，你是否知道该打电话给谁或者到哪里，而在于选择一个正确的大方向，直到最终达到目的。记住，所有协助处理有关孩子和家庭问题的机构，都不会介意你是否打错电话，他们甚至会提供正确的号码给你。

选择合适的托儿所／幼儿园

在此声明一下，接下来要介绍的几个要点只是我个人的建议。它可能会让某些人感到沮丧，对此我深感抱歉。但在这里我仍会把它们罗列出来，因为它们是我自己遵行的方式，也是我给朋友们的建议。至于做不做，怎么做，则由你决定。

托儿所安全性能比家庭托儿所高

我从来不选择家庭托儿所，因为那里的现场几乎无人监管。虽然许多家庭托儿所不乏优秀的监管者，但那些素质不高的监管者确实让我望而止步。你想想，如果只有一个人照顾你的孩子，那么谁可以监管这个人呢？此外，谁又能保证他们白天会不会去拜访他人，或者有无来访者拜访呢？

如果孩子待在家庭托儿所里，一整天下来你根本无法掌握有哪些人会和你的孩子接触。

在托儿所里，情况则不同。一方面它有许多职员有效地监控彼此，另一方面也可能会有很多严格规定，说明哪些人可以或者不可以进入。更何况，还有好多双眼睛在监管着任何访客的一举一动。

确认周边环境

关于这点，部分内容显而易见（如确认潜在危险等），部分内容则不然。其中，建筑物的外在条件是我最重视的检视内容。它是开放且清楚可见呢，还是附近有很多的角落或者隐蔽处？厕所和更衣间是在视线范围之内吗？有没有让孩子躲起来或者被隐藏起来的可能性？

通常，我判断的基本原则是，建筑物空间设计越开放，环境就越好。因为让大家彼此都能看到对方在做什么事，绝对不会是件坏事。

职员的审核如何？

在审核托儿所的职员时，我总是会询问工作人员的学历和经历。同样，我也会询问工作人员的专业资格。

关于这点，我判断的基本原则是：有专业资格的老师越多越好，有正在实习或受训的实习生也不错。因为当一个人还是学生或者受训时，会认真严肃且非常努力地对待所有事情。

孩子在那里的饮食如何?

这是不言而喻且值得注意的问题。首先，询问孩子早餐和午茶吃些什么。如果托儿所提供的食物里含糖量越多，我就越不喜欢那个地方。其次，从厨房的环境里，你也能看出某些端倪，比如判断他们是否将健康食物作为主食。这么说并不是让你表现得像个主张健康饮食的狂热分子，而是说给孩子食用含糖量大的垃圾食物的确不是件好事。最后，观察他们让孩子喝的东西。如果是水或牛奶，那么很好；但如果是配制的果汁，那就值得注意，因为它有害孩子的身体健康。

那里的管教方式是什么?

同样重要的是，你必须了解托儿所管教孩子的方式。首先，仔细观察他们管理孩子行为的方式。其次，假定孩子咬人或打人等情境，询问他们对此将如何处理。如果他们能自信地回答，并与我们之前提过的行为管理原则相吻合，那么你大可放心。但必须记住的是，他们必须保证随时与孩子在一起。

那里的信息体制如何?

虽然体制不一定就是有力保证，因为有些地方也有不错的体制，但是职员素质却很差。但在条理清晰体制的托儿所里，你至少可以获得一些关于孩子的重要信息。

在那里观察到的情况如何?

大多数托儿中心会允许你拜访和视察几次，好好把握这些机会，仔细观察一些包括他们如何安排和管理孩子作息等在内的重要事情。如他们的作息是否很有条理，而不是过分松散?孩子是否从职员那里获得一些指示，还是一切都在混乱之中进行?

此外，还需注意的事情是，观察托儿所人员如何应对一些细节问题。

比如，随着年龄的增长，孩子难免偶尔会发生打架或挤兑他人的问题。当这种情况发生时，观察托儿所有没有人关注以及他们的反应如何。

你对那里感觉如何？

听起来，这似乎有些夸张，但很重要。忽视其他一切条件，听从自己对考察地的感觉。即使你对它只心存一丝怀疑，也要倾听你内在的声音。

如果考察地让人感觉温暖、友善，且一切都是为了孩子而设计，那自然最好不过；相反，如果考察地让人感觉像动物园，或者让你感觉冷漠，或者工作人员看起来不是真心待在那里，或者你就是不喜欢这个地方时，我建议你相信自己的直觉，继续寻找，直到找到让你感觉舒服的地方为止。

如何寻找让人放心的保姆

关于保姆，我一直建议，绝对不要让一个十几岁的男孩做保姆。

我是说所有十几岁的男孩都是坏孩子吗？

不是的。

我是说他们全都变态吗？

也不是。

我是说你的孩子和十几岁的少女在一起会比较安全吗？

是的。

毫无疑问，这才是我想说的。当然，十几岁的少女并非绝对安全可靠，因为她们也会做坏事。但是根据数据看来，相比男孩，她们的确是更好的选择。

在工作中，我曾经碰到过许多照顾孩子时，对孩子进行性骚扰的男孩。他们有些人出身良好，只是一时作了个错误决定。正因为碰到太多这样的孩子，所以我坚决不会找十几岁的男孩来照顾我的孩子。也正因如此，我想跟读者分享我的经验。分享经验原本无所谓对错，至于决定做不做，如何做则取决于你。

总之，任何时候我都会选择一个家世背景良好、有教养的女孩做保姆，而不会选择一个具备相同条件的男孩做保姆。当然，你可以选择最适合你的方式。

不要被恐惧控制

要保护孩子的安全，最重要的一点在于，你不要过分担心他的安全。恐惧是父母的天性，通常在我们对此有所认知之前就已发生，并且会持续到死亡。从理论上看，不计其数的坏事可能会发生在孩子身上，但大部分都不会真正发生。

在孩子的生命中，除了吸引他去玩弄的尖锐物之外，大部分东西都不会让他陷入危险。即使陷入危险，大部分人也还能够过得不错。当我爸爸还是孩子的时候，他的表弟用一只尾端有吸盘的弓箭射伤了他的一只眼睛，但是他现在仍然过着不错的生活。

生命中不可避免会发生坏事，但也不乏好事。

每天，可能有一些孩子跌断了手，或者烫到了手指，或者失去了一只眼睛，但也有许多孩子欢笑、在阳光下玩耍、被拥抱、拥抱他人、哭泣、歌唱、吃晚饭，然后上床睡觉。因此你不应被恐惧控制，否则它会让你的生活变得毫无意义。凡事适可而止，就不会有太糟糕的事情发生在你身上。这就是你所能做的事。

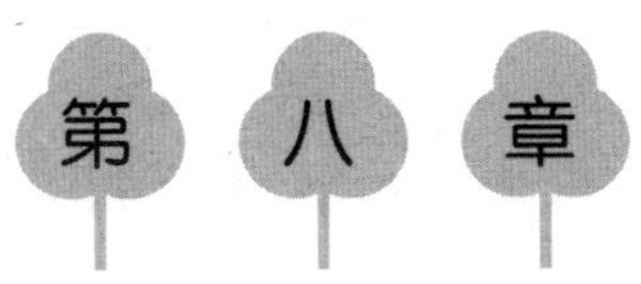

当多种问题同时出现时……

如果孩子身上同时出现多种行为问题，那就从最严重的，你最无法忍受的问题入手。

准确地描述问题，可以帮助你找到问题所在。

身为父母，你必须学会做个独裁者，一个亲切又热诚的独裁者。

如何解决复杂的问题

在前几章中，我已教给你如何处理孩子睡眠、饮食、厕所训练和任性、不听话等不良行为的方法，也谈到了一些帮助孩子处理诸如害羞、自卑等问题的技巧。只要你坚持把它们当作处方药一样使用，就会奏效。

现在，我将教你将以上技巧整合成一个有序的解决方法。当你同时遇到不同的问题时，这个方法将让你获益匪浅。

以下，就是我将教会你的方法。

将问题分门别类

正如在灾难现场救援的人员一样，父母需要一个不仅能够快速评估问题严重性，而且能够果断决定如何着手解决问题的方法。对于同时面临不同问题的父母，我通常建议他们从睡眠和行为两个方面着手改进。

因为睡眠不足，孩子会让人变得十分可怕，因此从这方面着手改进有助于快速扭转局面。正如之前所提及的那样，睡眠问题既容易解决，也会增添你教育孩子的信心。因为假如孩子能按时上床睡觉，那么你将拥有有更多私人时间。反过来，从长远来看，假若你想一直保持理性，那么你必须充分重视私人时间，因为这是非常重要的一环。

睡眠问题解决后，你需要做的就是找出你最想解决的行为问题。其中，判断依据的首要条件是：目前孩子最让你无法忍受的行为是什么？无论你的答案是什么，一旦确定，你都要先从那里开始，并且采取相应对策。

目前，假如你几乎正面临所有问题，那么请从最让你头痛的行为开始。无论它是孩子不断喊叫、互咬、用餐，还是在外面逛街购物时的不良表现，只要确定，就从那里开始。

从哪里开始关系不大，关键在于你是否开始。当世界四分五裂的时候，如果只是坐在角落里，轻轻摇着椅子，那将毫无意义，只有站起身来行动才会有所改观。

从最让你崩溃的行为开始，有助于减轻压力。原因非常简单：你越疯狂，他们就越加疯狂；相反，你越理性，他们也会越加理性。所以你必须以最快的速度，选择并确定最适合开始的一项吧。

总之，关键在于专注地将问题分门别类。立足孩子睡眠问题，询问自己孩子哪一种行为最让自己崩溃，然后就从那里开始。以下，我将会为你提供具体的方法。

解决问题的 5 大基本步骤

在本书第一章中，我已提及教导孩子最重要的法则之一，就是你必须、务必、绝对要有计划！这里的方法正是为制订计划而设的。至于具体怎么做，我概括成 5 个基本步骤，以便让你将它们应用在几乎所有问题上：

1. 准确找出问题。
2. 思考不良行为传达的信息。
3. 寻找不良行为产生的原因。
4. 制订明确目标。
5. 将目标拆分为具体可行的小步骤。

步骤 1：准确找出问题

准确地找出问题，有助于你详细列举并熟悉不良行为的表现。

比如说，同样是问题行为描述，“放学后会乱发脾气”只是笼统抽象地描述孩子乱发脾气的个性，听者很难从中了解乱发脾气的具体行为表现。而像“放学回家后的 30 分钟内会很不听话，总是说‘不’”“躺在沙发或地板上看电视，跟他说话爱理不理”“在不断提出要求之后会大发脾气，然后乱丢东西或者打人”等，就很详细地罗列出乱发脾气的具体行为表现，让听者对此有非常具体的认知。

步骤 2：思考问题行为传达的信息

这既是至关重要的一步，也是不能操之过急的一步。因为假如你思考到位，找出了答案，那么其他步骤就易如反掌；但如果你思考的大方向出错了，那以此为基础制订的整个计划都将失败。值得庆幸的是，即使思考的大方向出错也没有关系，因为只要你顺着问题，再回过头来重复这一步骤，还是能够扭转事态。

实施这一步骤的最大障碍是，你很可能会因为负面想法而迷失方向，尤其是当孩子的某种行为给你造成压力时。比如说“珍妮之所以晚上下床和哭泣，是因为她很不喜欢我，想毁掉我的生活。”大多数情况下，这其实只是你的感觉而不是孩子的意图。因此，你应该从孩子的角度去思考，学会用正面的思考方式，并经常使用诸如“我觉得……”或者“我需要……”之类的字眼。

比如说，“我晚上下床，是因为我怕黑，想从爸爸妈妈那里获得安全感。”

之所以用“我”的陈述方式，并把它置于更为正面的框架中，是因为如此一来，你将切身体会孩子想要表达的东西。在某种程度上，孩子只是非常简单的生物，只有基本的需要。虽然有时你感觉他做的某些事情是有意为之，但大多数时候可能并非如此。也许，孩子只想让事情尽可能简单而已。

一旦你清楚了孩子行为传达的信息，你就会更深入地了解他的真实需求，也就会更正面积极地满足他的需求。

步骤 3：寻找不良行为产生的原因

从某种程度上说,任何反复出现的行为一定会有“回报”。不妨想一下，假如毫无报酬地重复某件事情,你最终都会停止和放弃。其实,孩子也一样。

因此在思考孩子不良行为的同时，你必须花些时间认真检视，是否在无形之中，你的行为给孩子的不良行为提供了某种奖赏。比如说，在家中你总是对着孩子又吼又叫，那么虽然你和孩子相处不愉快，但还是为他提供了奖赏——注意力；又比如说，为了避免争吵，你对孩子作出让步，那么你为他提供的奖赏便是某种程度的控制权；同样，假如在孩子面前，你和你的另一半意见不合，那么奖赏也是控制权。但假如你总是和孩子谈判，那奖赏便是注意力和控制权了。

总之，**孩子不断重复某种行为，不是为了得到某些他想要的东西，就是为了避免某些他不想要的东西**。无论怎样，两者都是报酬。作为父母，你所要做的就是，思考不好的行为是怎样让孩子从中得到报酬的。

步骤 4：制订明确目标

很显然，这个步骤的关键点在于制订明确目标。所谓“明确目标”，不是诸如“在校表现良好”之类的空泛目标，而是诸如“在校认真努力，顺从教师安排和达到教师要求，并且上课期间从不需要休息”之类的具体目标。只有目标具体，你才能抓住评估的方向。假如一天下来，孩子所作所为都能达到所有老师的要求，那么你就可以开一个派对，大张旗鼓地庆祝目标达成。

步骤 5：将目标拆分为具体可行的小步骤

正如我之前提过的技巧一样，明确目标后，你还需要把目标分解成几个具体可行又循序渐进的步骤。有时，“表现良好”是一大步，需要分解成几个小步骤。以“晚上 7：00 左右，不发牢骚，乖乖上床睡觉”这一明确目标为例，你可以将其拆解为：

洗澡：17：30 之前

换衣：18：00 之前

晚餐：18：30 之前

讲故事时间：18：50 之前

刷牙：18：50 之前

上床：19：00 之前

要平和且安静地完成所有步骤

一旦你将目标分解成数个步骤，就会从中找到与之相关的、之前我们讨论过的方法。比如说，对付年龄较小的孩子，一开始时，你会需要同时使用几个工具：利用贴纸图（引导和加强孩子的注意力），尽可能使用转移注意力的方法，然后再用解决睡眠问题的方法。

假如你像上述所举的例子一样，以时间为基础，把事情拆解为数个步骤，那么你就能更准确地预测可能会出现的问题，并且有效应对和处理。

事实上，你还可以再将分解步骤拆解为更详细的步骤。比如，上述例子中，因为不喜欢洗澡，孩子所花时间超过了你预期的时间，直接影响了后面步骤的实施，那么这时你可以利用第四章中关于教导新技巧的方式加以解决。

但它可能会需要一些指导，比如让孩子了解你怎么帮泰迪玩具熊泡澡，或者让他观察哥哥姐姐怎么让洗澡变成有趣的事情，又或者是编造一个关于害怕失去身上脏东西的小女孩的故事。

总之，这一步骤的关键在于，找出你的目标，并拆解成数个步骤，然后选择相应的方法来达成这一目标。

表 8.1　各种技巧的应用范围

技巧	参考页数	年龄	问题程度	用途
注意力引导	128 ～ 132	18 个月 +	轻到中度	喂养好行为，让坏行为挨饿。
转移注意力	133 ～ 137	6 个月 +	轻到中度	避免 90% 冲突。
贴纸图	144 ～ 147	3.5 ～ 4 岁	轻到重度	提供规范和方法，让不良行为转化为良好行为。
中场休息	149 ～ 154	3 岁 +	重度	有效区分和辨识不良行为。
时间阶梯	164 ～ 170	6 岁 +	中到重度	兼具贴纸图和中场休息的优点，同时消除负面情绪和避免争吵。
技巧训练	35 ～ 40	4 岁 +	轻到重度	教导孩子必备技巧，能有效防止问题恶化。

* 轻度行为问题：小声哭泣或抱怨不止、闹小性子。
* 中度行为问题：粗鲁地说话、玩耍、不愿服从任何安排。
* 重度行为问题：打人、没礼貌、乱发脾气、不听话。

除此之外，我们在第二章中处理了与孩子沟通的问题，在第三章处理了睡眠的问题、在第四章中处理了饮食问题、在第五章中处理了厕所训练问题。

一定要一心一意

一旦你将孩子的行为分门别类，拟好计划，并利用最适当的方法着手处理后，你就必须全力以赴，追求胜利。

要求、告知、行动

你可能必须重新评估，但绝不会重蹈覆辙。请记住，即使孩子哭叫，你也不能让步；即使他拜托或请求，你也不能屈服。

要求、告知、行动

身为父母，你必须学会做个独裁者。当然，你要做的是一个亲切又热诚的独裁者。因为假如家庭像某个委员会允许消费者参与决策的话，一切都将无法顺利进行。

要求、告知、行动

很可能孩子会因此说“我恨你”，但你不必在意这些话语。表面上看，孩子似乎心都碎了，但其实他内心很坚强。让他早点上床睡觉，放张哭脸贴纸在图表上这类事情，根本不会伤他们的心。

所以请明确要求，坚定告之，然后采取行动吧。

瞧这一家子：多问题齐出现

家族成员	哈里（35岁）、萨莉（37岁）、克丽丝特尔（9岁）、达内尔（8岁）、达瑞斯（8岁）、杰德（4岁）
问　题	这个家庭“灾难重重”。他们6个人租住在一套只有两间卧室的出租屋里。因为家庭混乱，社工已经两次警告他们带走孩子。哈里和萨莉承认自己打骂孩子，并且给邻居们制造了噪音。年龄较大的孩子不是经常逃学，就是在学校里表现恶劣；8岁的双胞胎达内尔和达瑞斯在学校经常跟其他孩子打架，并且总是出言不逊；9岁的克丽丝特尔则无法结交朋友，时常骂脏话、爱挑衅；4岁的杰德因为咬人，离开了幼儿园，至今还没学会独立上厕所。哈里和萨莉反映说孩子们经常打架，而且完全不听父母的话，有时甚至要到半夜才上床睡觉。
备　注	家庭功能严重失调。

之所以把“最糟”的状况留到最后，是为了让你独立解决这个案例。之前我已教给你解决任何问题的基本原则和方法，现在我将这个案例介绍给你。这是一个真实案例，你可以自行拟定一套计划。

下一节中，我会为你展示我为这个家庭所作的分析和计划。但在阅读之前，你最好先尝试着自己解决问题。

在工作场合，我经常接待与汉丁格一家类似的家庭。这些家庭有太多问题，多到让人不知该从何入手，以至于当我们召开内部会议、想为他们介绍新专家时，在座的各位新专家大多数都只是坐在那里，盯着地板，唯恐被选中而不得不接下案子。

但奇怪的是，对于这种案例我却总有一股举手的冲动。每当他们询问“谁想接下这案子”时，我的手总是会不由自主地伸展出去，话语也脱口而出：“我。”

当时我还是懵懂无知的学生，所以当去拜访汉丁格一家时，我着实被他们的情况吓坏了。但现在再让我去拜访汉丁格一家，已是小菜一碟，我甚至成为处理汉丁格家庭问题的“专家”。由此，我也认识了整个汉丁格家族。他们是一个大家庭，从国土的一端到另一端，几乎每个地方都有他们的旁系亲属。

在你居住的镇上，毫无疑问也会有汉丁格。当你认识他们后，你会发现汉丁格一家人并不是坏，只是比我们其他人更加辛苦罢了。他们所需要的是一些帮助，以便让事情恢复原貌。

基于此，我把汉丁格一家介绍给你。对你而言，这会是一个好的开始，因为一方面你将发现他们家存在许多问题，借此你可以实践和运用你所掌握的所有原则和技巧；另一方面，先在真实案例上练习有助于辨识关键环节和障碍所在。对他们而言，这也是一个好的开始，因为你是他们唯一的救星。

在有自己的孩子之前，我在其他家庭教导孩子已有 10 年时间。我的经验和建议是，最好从家庭拜访开始。

他们逃学、打架、不按时睡觉……

当到达汉丁格家门前时，你会发现它与你在《美好家园》(*Better Homes and Gardens*)杂志上所看到景象完全不同，简直就是一座“荒废家庭与花园”。虽然天气很冷，但前门半开着。走近一看，你会发现那原本是条破烂的门。门的下方用木条钉在一个洞上，看起来就像曾经被人踢坏了似的。

前门阶梯上，一只类似制造工厂中生产的次品一般的小狗看着你。相比瘦小的身躯，小狗的头似乎太大。当你走近时，小狗开始晃动着身体，用力吠叫。表面上看，这只是神经质式的小反应，但其实你很难判断它是因为生气还是害怕而狂叫。

当走近前门时，你可以听到房子里传来电子枪的声音，注意到旁边有一扇用一块纸板遮补着的破损窗户，一只蓝色的小橡胶长靴扔在阶梯上。

当你走到门口敲门时，你会听到里面传来一系列声音。

一个男人说：“去开门。”

“不要。”一个男孩马上用挑衅的语调回答。

“照你爸爸的话去做！”女人命令道。

“不要，现在轮到我了。”

“才不是，”一个女孩子插嘴说，“是轮到我了。”

“才不是你！”第一个男孩尖声说道。

“达内尔，快点去给我把门打开！”男人吼着。

“我不！”

“达内尔……”

“不要，滚开！”

然后是孩子跺脚的声音，它应该是达内尔的。紧接着，是一扇门被狠狠关上的声音，直震得那扇破损的窗户“咯咯”响。

“老天啊，这孩子到底是怎么了？”

这时周围一片寂静，只有电子枪声。

你站在那里，不知所措。很显然，他们可能已经忘记有人在敲门这回事了。这时，你就再敲一次。

“你可以去开门吗，布巴？”

这时，你要做好心理准备：无论接下来发生什么事情，你都要保持冷静。

接着，终于有人来开门了。是4岁的小杰德，他穿着肮脏的牛仔裤和睡衣，皱着眉头盯着你看。

“是谁，布巴？”房间里传来一个女人的声音。

然后，杰德，显然也就是布巴，抬头看着你，脏兮兮的脸上满是疑问。最后，他终于说话了：“男人。”

这里，里面传来女人小声地说话声：“你付钱给洗衣机的人了吗？”

紧接着一个男声回答：“嗯。”

“你确定？”

“当然，我非常确定。”

然后伴随一阵沙发的“嘎吱”声和沉重的脚步声，萨莉·汉丁格出现在你面前。她带着满脸疑惑的表情问道：“你是？”

“嗨，”你试着用活泼的语调回答，“你好，我是家庭咨商协会的工作人员。”

“家庭什么？”萨莉再次问道，一边的杰德也皱起了眉头。

“家庭咨商协会。”你又重复了一遍，并附上协会在电视广告中的台词：“没有家庭是过大或过小。”

萨莉还是一副茫然的神情看着你，并问道：“你不是因为洗衣机的钱而来的？”

你摇摇头，回答说："不，我是来帮你和哈里解决孩子问题的。"

听完，萨莉的眼睛立即闪过一丝光亮。她兴奋地说："那你是不是像电视上的超级保姆一样？"

你幽默地说："类似，但不像她那么讨人厌。"

萨莉笑了笑，这让她看起来年轻了许多。"请进，请进。"

与外面的情景相比，屋里的状况差不多，只是少了草地和天空，多了几个孩子。汉丁格一家人围在电视机旁，正在举办一场主题为"暴力电动游戏"的家庭集会。

当你走进去时，达瑞斯刚射倒 2 名警察，并让他们倒在血泊中。克丽丝特尔则穿着校服，坐在哈里旁边沙发椅的扶手上。这让她在混乱的汉丁格家中，显得格外正常。哈里则躺在沙发上，一边抽着烟，一边看着 8 岁的儿子对着警察开枪。

"哈里，这位是过来跟我们讨论孩子问题的人。"

这时，哈里收起双脚，伸出一只手。同时你注意到他脸上没有刮胡子，牙齿上沾满尼古丁渍。他体格粗壮，穿着宽松的黑色 T 恤、运动裤和羊毛袜。

当一边向哈里自我介绍时，你可以一边用余光瞥见布巴戳了一下达瑞斯。开始，他不予理会，几秒钟之后，达瑞斯突然爆发，用力推撞小布巴。小布巴被推倒后，头撞到地上委屈地大哭大闹起来。

"达瑞斯！"哈里一边大声吼叫着，一边转过身去对他说："回到你的房间去！"

"可是他……"

"现在就去！"

"砰、砰……"达瑞斯不满地把电动玩具的遥控器丢在地上，冲出了前门。

等他冲出门外，哈里无奈地说："这孩子快把我逼疯了，他就是一点都不听话。"

眼看着布巴爬了过来，一旁的克丽丝特尔俯身抢走遥控器。紧接着，布巴开始戳她。萨莉目光呆滞地看着这一切，什么也没有说，好像已经完全向可怕的现实屈服了。

见状，你提议说："让我们到厨房去谈谈，好吗？"

在这个家庭里，厨房是唯一一处令人愉快的地方。那里干净又整齐，桌上还摆着一大碟水果。冰箱上，挂着孩子们的画作。如果后院没有那只落单的蓝色橡胶长靴，你会感觉这里跟其他家庭的厨房没什么两样。

等到一切就绪后，你自信地说道："好，现在请跟我说说你们遇到的问题。"

他们非常配合，详细地描述着各种问题。在他们描述的同时，你可以听到从隔壁客厅传来的吼叫声、尖叫声和"砰砰砰"的声响。不知情的人会误认为是连续杀人犯在这里举办圣诞派对，但作为知情人，你必须学会不予理会，并继续认真倾听萨莉和哈里的叙述。

等他们全部叙述完后，你会发现他们几乎面临所有问题，其中杰德最为严重。他至今从未接受过厕所训练，仅是尿布上的花费就加重了家庭的经济负担。此外，他还有咬人的恶习。为了让我信服，萨莉甚至把齿痕露给我看。

这时，你问道："当他咬你的时候，你怎么做？"

"咬回去。"她回答说，"这是唯一让他了解的办法。"

从咬痕来看，杰德似乎完全没有明白妈妈给他传达的讯息。

杰德，显然具有攻击性倾向。除了咬人之外，他在幼儿园还会打人或说脏话。虽然只有4岁，但他目前正处在即将被开除的危险边缘。

此外，所有孩子都存在睡眠问题，他们睡眠时间非常少。这其中部分原因归结于房间柜子上的那台电视机，部分原因归结于4个孩子同睡两张上下铺和一间卧室。

通常，汉丁格夫妇要花很长时间，才能让他们全部睡觉。由于逐个上床睡觉花费时间太多，等到最后一个孩子上床睡觉时，大多已到大半夜了，所以哈里和萨莉要求他们一律在同一时间上床睡觉。但通常从下午6：00左右开始，家里便炸开了锅，像马戏团表演一样，果汁、电视、哭叫等影响睡眠的事情更是应有尽有。

更严重的是，孩子们在家经常打架。表面上看，年龄最大的克丽丝特尔总是安静地坐在一旁，似乎很乖巧，但其实她最顽皮，总是隐性地操控每个人。达内尔则是性情最暴躁的孩子，这一点颇得布巴的喜欢。他热衷于为了取得父母的同情，而激怒其他大男孩。

在学校，孩子们也是闯祸大王。由于经常给老师惹麻烦，最近他们被分配到不同班级。因为他们不喜欢被分开，所以稍微安分了一些。男孩们学业落后，并且总是下定决心要做学校里最凶狠的孩子。目前，性格沉静的达瑞斯也开始学会欺负年龄较小的孩子。

虽然克丽丝特尔在学业方面表现还不错，也不会给老师添麻烦，但她总是把自己隔离在其他女孩之外，不想结交朋友。她给你的印象是，带点愤怒，而且毫无活力。

当你要求他们描述每天的固定作息时间时，哈里和萨莉会无神地看着你。

当你解释说“你知道的，就是描述你们一天的生活”时，哈里会耸耸肩，说：“起床后，孩子们就开始打架，然后吵吵闹闹一整天，直到上床睡觉。”

“你们曾经试过哪些方法吗？”你问。

“什么都试过了。”萨莉说。

“比如说？”

萨莉叹了口气，回答说：“什么都试过，我们试过星星图表、中场休息、吼叫、打人，所有方法都试遍了。”

“那么有什么方法奏效了吗？”

“除了打人之外，其他方法都无任何效果。”哈里回答说。

回想前面章节提过的父母与孩子间的互动，你会发现在汉丁格夫妇与孩子间，完全没有任何正面的互动。

于是，你决定以提问结束面谈："那么，你俩还好吗？"

听到此话，萨莉哭出声来。一旁的哈里一边把手放在她的肩膀上安慰她，一边用绝望的语调回答说："这一切很不容易。"

这时，你会强烈地感觉到夫妻俩真的很爱孩子们，只是无法控制事态而已。

为了平和夫妻俩的情绪，你坐直身子，用自信的语气对他们说："好的，接下来让我们一起来解决这些问题好吗？"

哈里点点头，萨莉则擤了擤鼻子，擦干眼泪看着你。

然后你张嘴，开始说话……

问题在哪里？

首先，你必须做的事情是找出问题所在。因为问题太多，所以你需要考虑周全，直到找出答案。

对此，我的建议是回到本书第一章，仔细对照讨论过的规则，找出被自己忽略的部分。如此一来，你就比较容易找到问题的切入口和突破口：

1. 建立良好的亲子关系。
2. 爱他，更要喜欢他。
3. 喂养好行为，让坏行为挨饿。
4. 为孩子立界线。
5. 管教要坚持始终如一。
6. 务必作好教养计划。
7. 挖掘孩子行为背后的真实意图。
8. 不做完美父母，学会与混乱和平共处。

开具问题清单

这个案例中问题太多，以至于即便是专家，都很可能迷失方向。在蒙蒙大雾中，人往往容易迷失方向。因此处理这个案例最好的方法就是，将注意力集中在简单的事物之上，专注于问题最严重和有最棘手的部分。

在上一节中，我已教给你如何着手开始的方法。现在你需要做的就是，列出一个包含 10 项要点的清单，并详细写出解决问题的详细步骤。这里你需要制订的不是一个宏伟计划，而是一个包含 10 项要点的小计划。

在下文中，我会给为你揭晓当初我为汉丁格夫妇拟定的计划，届时你可以对比一下两者有何不同。但在揭晓和对比之前,你最好先尝试做个计划。

在这个阶段，开具清单的具体要点完全取决于你所获讯息。你可以将修理好前门当做最重要且最紧迫的事项，也可以把关掉电视机列为第一项。总之，清单第一项要点完全由你决定，后面的要点则紧随其后并与之相关联。逐个步骤进行，直到写完第十项。

选择与每个步骤对应的方法

做好分类清单后，你需要为每个步骤选择相对应的家教方法。同样，对方法的描述不要太长，每个步骤用一行阐释，标上方法名称就已足够。

相比之前讨论过的案例，此案例相对复杂。因为之前案例中存在的问题仅局限在家中，而此案例中汉丁格一家的问题还存在于学校之中。对此，你是否觉得解决家庭问题的这些方法也能应用于学校中？如果是，你该如何着手？你会为哈里和萨莉提供怎样的建议？

记住，一切都和基本原则有关。但值得注意的是，基本原则虽然适用于不同场合，但为了更好地切合汉丁格一家的实际情况，你或许需要调整一些内容。对你而言，这会是一次很好的练习。因为无论是你家的还是汉丁格家的，每个孩子的个性不尽相同，因此永远不会有固定排序的完美答案。

如果你想在教养孩子的游戏中生存下来，那么就必须记住“你不是改造自己，就是让自己变得麻木”。完成所有步骤后，请翻阅后面的内容，将你的答案和我所做的一切相比较。两者的差异无关紧要，关键在于不允许偷看，因为作弊者永远不会成功。

解决他们一家问题的 10 个步骤

这里，我将向你展示我和汉丁格夫妇一起讨论并作出计划的 10 个具体步骤。在阅读之前，我希望你既没有作弊，也作了尝试。当然，如果你曾列出清单,那自然是我最期望不过的事情。下面,让我们一起来对照一下,你的结果与我的计划是否相符。

1. 整理环境

如果一个家庭中，每个人都生活在混乱之中，那你将无法让这个家庭变得井然有序，所以整理清扫家庭环境是首要步骤。

将家里里里外外都打扫干净。

禁止在室内抽烟。

扔弃所有暴力电动玩具。

哈里每天都刮洗胡子，夫妻俩每天必须保持家庭整洁和干净。

2. 解决睡眠问题

孩子睡眠不足，无疑加剧家庭问题的严重性。

把电视机搬出孩子卧室。

晚上禁止喝果汁。

以孩子的年龄为基准，为每个孩子制订良好的睡前作息计划。

对孩子进行震撼教育，让杰德晚上 7：00，双胞胎 8：00 上床，克丽丝特尔 8：30 准时上床睡觉。

由于孩子共住一间房，可以先让杰德在父母的房间里安顿下来，等到大家都入睡以后再将他移回自己的床上。虽然用睡眠魔法对付小家伙不是最理想的办法，但有时你就得这么做。等到他安顿下来以后，你便可以尝试让他直接在自己的床上入睡。

对于3个年纪较大的孩子，哈里和萨莉可以采取严格的奖罚措施。如果他们乖乖上床睡觉，那么将赢取玩电动游戏的额外时间；但若打扰其他人睡觉，则会失去15分钟自由时间。

3. 建立规则

一天的规律作息应该包含全家人的集体活动。(比如，一起外出散步、下棋或玩纸上游戏等)。

家庭守则（内容最多包含5项，用纸条写下，并贴在冰箱之上）必须包含诸如禁止使用暴力、禁止说话无礼、服从安排并做些力所能及的事情等内容。

4. 实施适当的行为管理计划

将不良行为清楚无误地划分成重度、中度和轻度3种类型。

采取贴纸图对策对付杰德，当发生重度不良行为（例如咬人、打人和讲脏话）时，让他进行中场休息。

利用注意力引导的方式，将注意力集中于良好行为之上。

特别强化转移注意力练习。

利用“1－2－3”神奇工具和微波炉定时器。

对于年纪较大的孩子，使用修改过的“时间阶梯”，把规定他们早点上床睡觉的时间修改为玩电动游戏的时间。

5. 培养良好的亲子关系

强化转移注意力训练，对孩子尽可能多加称赞。

将与孩子良性共处且具建设性意义的互动时间放在第一位（比如说，和男孩们一起到滑板公园散步，并称赞他们的表现令人满意）。

为互动活动作简单的纪录，以便检视和反省。

6. 与幼儿园老师共同商讨管教杰德的方法

解决杰德问题最理想的方法就是，幼儿园老师和汉丁格夫妇的教育和评判标准一致（称赞良好行为，忽视或处罚坏行为）。

7. 与3个年龄较大孩子的老师碰面

只有清楚地知道孩子在学校里所发生的事情，我们才能进一步针对孩子的不良行为作出正确计划。

同样的工具也适合在学校里使用，关键在于给不良行为分类，并找到解决问题的切入点。

许多孩子在学校的行为表现，会直接影响他们在家里安睡的难易程度、睡眠质量的好坏以及与父母之间的关系等重要事情。

如果孩子在学校制造了令人难以接受的恶作剧，哈里和萨莉就会到学校把他们带回家，让他们在房间里进行中场休息。在放学时间未到之前，孩子只能坐在那里，不能做任何事。

有关这一点，最重要的是和学校老师共同利用我们讨论过的方法，一起解决孩子的问题。

8. 帮助孩子学会交朋友（可参考第四节内容）

9. 帮助哈里找份工作

这个家庭极需稳定的经济来源，虽然金钱不是万能的，但缺乏金钱则万万不能。

如果哈里找到工作，那么他将为家里带来另一种格局。

如果有稳定的经济来源，那么哈里和萨莉可以做一些自己喜欢的事情。

10. 必须让杰德学会自己上厕所

利用第十节中的厕所训练法。

当掌控其他事情后，开始对杰德进行厕所训练。

当然，解决汉丁格家庭问题的方法有上百种，我这里所罗列的只是其中一种。它只是当我与汉丁格夫妇沟通讨论后，着手解决问题时所采取的一种解决方法，并非就是最棒的方法。翻阅完我的计划，对比一下，你的计划制订得如何呢？

显然为汉丁格一家制订计划会是一项耗时的工作，因为你必须花不少时间来处理清单上的某些事情。这是一项技术活。如果你身陷汉丁格一家之前所处的困境，那么你就无法在短期之内解决问题。

瞧这一家的幸福生活

当我和汉丁格夫妇制订完计划后，我们几乎立刻就开始进行某些步骤，比如打扫家里卫生、实施睡眠计划或者行为管理等环节。但诸如其他帮助哈里找工作和在学校进行的事项，直到几个月后才逐渐展开。

处理这个案例的诀窍，在于找到问题的核心，并寻找一些动力。你最好能固守承诺，在汉丁格一家的问题解决之前绝不离开。

哈里和萨莉很努力，在实施计划上做得很好。6 个月后，他们家的情况大有改观：家庭环境变得整洁干净了，生活作息变得有规律了，家庭冲突减少了约 75%。克丽丝特尔在学校的表现更好了，而且也结交了一些朋友；男孩们虽然时好时坏，但整体而言都在改进。

某个下午，当我和汉丁格夫妇围坐在一起，检视和讨论着所有良好变化时，以及他们对达成目标有何感觉时，萨莉一边放下手中的杯子，一边说：“但是，还有一件事。”

“什么事？”我问。

“当宝宝出生后，杰德应该睡在哪里呢？”

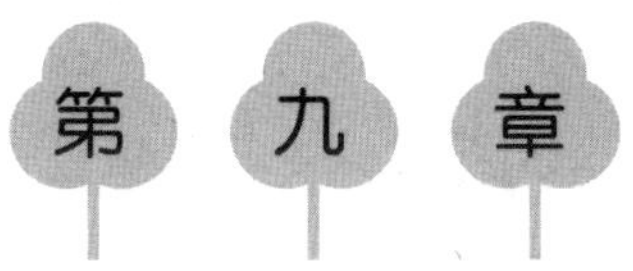

亲子之旅

并非一到睡觉时间，父母的教养工作就告一段落，因为你更重要的职责是教导孩子如何生活。

孩子一旦学会控制自己的肠道蠕动，10 年后他就能学会控制所面临的事态。

身为父母，我们只能帮助孩子写下他故事的开端，却无法帮他写下故事的结局。

陪孩子一起成长

我总是相信随着时间的流逝，一切都会好转。虽然有时事实上并非如此，但我认为也没必要因此而夸大其辞。一切都不过是改变而已。孩子一旦学会控制自己的大肠，10 年后就能学会控制他所面对的事情的进展。

身为父母，你或许总觉得事情会越来越糟，直到你崩溃。的确，有时孩子的问题会让你紧张和恐慌，进而紧握着理智不松手。有时，你已经濒临崩溃的边缘，感觉所有理性在一瞬间都消失殆尽。

毫无疑问，在教导孩子的旅途上，会有各种滋味的眼泪伴随你。但令人欣慰的是，正如我们的父母一样，我们全都有濒临崩溃的时候。我虽然有超过 15 年的教导经验，曾经和一些你不希望碰上甚至不愿意接近的“难搞”孩子共处，但有时还是会被自己的孩子搞得焦头烂额。

在本书中，你会发现我没有设置一些章节，来教导你照顾好自己，或者与你的另一半和谐相处，以便让你们保持青春与活力。因为我觉得只要尽可能让自己保持理性，两性关系自然会和谐温馨。此外，请尽可能温柔地对待彼此，因为你们还有很长的路要一起走。

几个月前的某个晚上，我开车回家时，明白了一件之前从未想过却令人难过的事情。那就是：身为父母，我们之中没有谁能够看到孩子故事的结局。毋庸置疑，身为父母，除了那些令人濒临崩溃的时刻，我会毫不犹豫地为孩子牺牲一切。即使他曾把日子搅得无比难熬，当他遭遇危险时，我还是会为解救他而跳入火坑。身为父亲，我想终生陪伴他们，见证他们的点滴成长：出生、踏出第一步、说出第一个字、第一天上学。所有预示成长的事，我都希望参与。

虽然意愿上如此，但我知道事实上却不可能达到目标。正如我们的父母只能为我们写下故事的开端，却不能为我们写下故事的结局一样，我们也无法为孩子写下他们结局。

正因如此，养育孩子并非只是让他吃晚饭时不要争吵、遵守用餐礼仪，或者安然度过一天，而是教导他写下自己的故事。

- 我们要教导他们做个好人。
- 我们要教导他们明辨是非，哪怕面临困境也要坚持正义。
- 我们要教导他们关爱他人，并勇敢面对恃强凌弱者。
- 我们要教导他们尽力发挥自身潜力，并且学会悦纳自己。
- 我们要教导他们学会自信。
- 我们要教导他们为信念而奋斗，只做自己真正想做的事。
- 我们要教导他们懂得人际关系的价值，并学会珍惜。

除了上述事情，我们要还教导他们学会爱与被爱。如此一来，身为父母，即使现在孩子的故事还是一片空白，但当我们放下笔墨之时，也要深信终有一天孩子会写下自己的故事。

可是，你的孩子会写下什么呢？